アメリカ歴代大統領大全
［第1シリーズ］
建国期のアメリカ大統領 ❷

ジョン・アダムズ伝記事典
Jhon Adams

西川秀和

大学教育出版

父母と恩師そして、友人へ

「歴史という光は無情である。それは、不思議で崇高なところがあって、光でありながら、そして、まさしく光であるがゆえに、しばしば、人が光輝を見るところに陰を投影する。それは同じ人間から、2つの違った幻影を作り出す」

——ヴィクトル・ユゴー『レ・ミゼラブル』

はじめに

　日本には、歴代アメリカ大統領に関する概説書はあっても研究上、もしくは一般の深い関心に耐え得るような詳説書はまだ存在しない。もちろん本場のアメリカでは『The Complete Book of U.S. Presidents』『The Book of Presidents』、『Guide to Presidency』『Presidents Fact Book』『Facts about the Presidents』『Encyclopedia of the American Presidency』など歴代アメリカ大統領を解説した本が少なくない。

　ところで中国史を学ぶ際に有名な書として『十八史略』が知られている。もちろん『十八史略』の内容の是非についてはさまざまな論があるものの、十八史を通読することは非常に骨が折れるので、それを容易に一覧できる形式にまとめた曾先之の功績に後世の我々は益するところが大きい。歴代アメリカ大統領についても同じことが言える。歴代アメリカ大統領に関する伝記研究は、大統領による差はあるものの、まさに汗牛充棟して余りある。また歴代大統領関連の一次史料の総量たるや天文学的な量と言っても過言ではない。それらを通読することは非常に多大な労力を要するし、筆者の経験からすれば莫大な費用がかかることは間違いない。本書の意義は、大統領について何かを調べたり研究したりしたいと考える読者がそうした労力を節減できるように、多くの手掛かりを与えることにある。そのためより深い関心にも耐えられるように、本文に加えて巻末史料を付している。

　本書を執筆するにあたって上述の書籍の他にも非常に多くの先行研究を参考にしているが、それだけにとどまらず、一次史料に基づいて独自の調査や綿密な裏付けを取るように心がけた。中でも『The Complete Book of U.S. Presidents』は、立項の際に非常に参考となった。しかし、内容の質と量ともに、アメリカで発行された書籍も含めて、これまでにない水準に達するように鋭意努めた。本書は大統領の政権のみならず、その経歴や政治哲学、血縁者など仔細にわたって論じている。もちろん従来の研究を参考にしているが、それで足りない場合は筆者独自の研究による記述も含まれている。研究者にとってさまざまな研究の足掛かりとなるように努めただけではなく、一般にも分かりやすく記述するように配慮した。それゆえ、しばしば歴史の記述で陥りがちな固有名詞の羅列を避けるために、固有名詞の使用は説明内容に関連性が高いものに限り、できるだけ一般的な説明を採用するように努めた。

本書は建国期の大統領、すなわち第2代ジョン・アダムズを取り上げているが、建国初期の大統領は現代の大統領に匹敵するほど重要な意味を持っている。リチャード・V・ピラードとロバート・D・リンダーは『アメリカの市民宗教と大統領』の中で以下のように述べている。

「建国以来、大統領制はアメリカ国民にとって極めて重要な存在だった。共和国の初期の頃は、ジョージ・ワシントン、ジョン・アダムズ、トマス・ジェファソン、アンドリュー・ジャクソン、ジェイムズ・ポーク、そしてエイブラハム・リンカーンのような著名な人々がこの制度に対して彼ら自身の威信をつけ加えた」（堀内一史・犬飼孝夫・日影尚之訳）

このように現代大統領制を考察するにあたって18世紀から19世紀の大統領について検討を加えなければならない。すなわちそれは大統領制発展の歴史だからである。

2013年5月

西川秀和

本書について
（凡例をかねて）

A　構成

　この事典は、第2代大統領ジョン・アダムズの生涯と業績を論じ、大統領という人間をさらに深く知る目的で編まれた。論述の主眼は、彼が大統領となり、大統領職を遂行する過程に、生まれから成長するまでに獲得した経験が、いかに反映し影響しているかを読み取ろうとするところにある。

B　内容

本論は次の項目内容からなる。
0. 扉：歴代、所属党、在任期間などの基本事項に、顔写真、代表的な発言（英和）、および略年譜（年齢付き）を配し、大統領の全体像を一目で把握できるようにした。
1. 概要：生涯、業績を簡略に解説し導入部とする。
2. 出身州／生い立ち：生まれ育った土地柄および家系について説明する。
3. 家庭環境：親、兄弟姉妹について述べ、主に幼少期を明らかにする。
4. 学生時代：学業、学内外での諸活動など、青少年期の人間形成について述べる。
5. 職業経験：アメリカ人としての実社会での経験、政治に関わるようになり、大統領選挙に立つまでのことを論じる。
6. 大統領選挙戦：選挙運動、大衆、マスコミの反応、選挙戦術、対立候補、そして選挙結果について述べる。
7. 政権の特色と課題：内政、外交全般にわたり、いくつかの主要なテーマに分類し、大統領が主導した諸政策とその経過・結果を、社会・時代背景を交えながら詳述する。
8. 副大統領／閣僚／最高裁長官：政権を支えた副大統領と閣僚、そして最高裁長官について略述する。
9. 引退後の活動／後世の評価：大統領職を辞してからの活動、時代が経過してからの業績に対する評価について述べる。
10. ファースト・レディ／子ども：大統領夫人・ファースト・レディについては、大統領との個人的関係にとどまらず社会的活動に広く係わる場合が多いので、特別に立項した。ちなみに「ファースト・レディ」という呼称が大統領夫人を示す語として初めて使用された例は1877年3月5日の『インディ

ペンデント紙 Independent』である。
11. 趣味／エピソード／宗教：前項とあわせ、大統領の私的な側面を浮き彫りにする情報をまとめた。
12. 演説：大統領が自らの政治理念・思想を表明している代表的演説を収録した。英語原文に日本語訳を添え、冒頭に解説を付した。出典は、『A Compilation of the Messages and Papers of the Presidents』と『Presidential Messages and State Papers』である。
13. 日本との関係：大統領が日本に与えた影響や日本人がどのように大統領を評価したのかについて述べる。なお引用した文献中の旧字体は読みやすいように筆者が新字体に改めた。
14. 参考文献：大統領自身による著作を最初に掲げ、続いて史料集成、最後に主要な基礎文献を並べた（さらに詳細な内容を知りたい読者のために特に重要なものか、もしくは入手が容易な近年発行のものに限った）。英語文献は ABC 順（筆者名）で並べ、邦語文献は五十音順（筆者名）で末尾に並べた。邦訳がある場合は、原語が英語の場合でも邦語文献に含めた。なお復刻版の発行年次をそのまま表記している場合もある。なお「参考文献」はあくまで読者に参考となる文献を列挙しているのみであり、筆者が参考にした書籍は「参考文献」として挙げた書籍以外も多く含まれることを明記しておく。

C　巻末史料

巻末史料として本文では紹介しきれない一次史料を掲載した。本文中に（巻末史料 1^{-4}）というように表記し、対応させるように配慮した。文中の［　］は筆者による訳注であり、（　）は史料の書き手による原注である。

D　総合年表
① 各大統領を中心としてアメリカ史の主な出来事をまとめた。
② ジョン・アダムズの生誕からその死去までを採録した。
③ 月のみ判明する事項は該当月の項目の末尾に配列した。また、年のみ判明するものはその年の最後に一括した。

E　表記について
① 本文内容を要約する小見出しを適宜付した。
② 地名、人名、団体、組織名、法規類、頻出キーワードなどに英語を並記した。英

語は文中の相当箇所に挿入した。なお、人名については判明するかぎり生没年月日を付記した。事項に含まれる年月日については史料の差異によって若干異なる場合があるが、信頼できる史料に基づき比較考量したうえで記載している。

③　1776年7月2日以前は「植民地」、それから1788年7月2日までの間は「邦」、それ以後は「州」と表記する。また1781年3月1日以前は「大陸会議」、それから1788年7月2日までの間は「連合会議」、それ以後は「(連邦/アメリカ) 議会」と表記する。

④　政党の名称については、ジェファソン政権以前は民主共和派、連邦派の呼称を使用し、ジェファソン政権以降は民主共和党、連邦党の呼称を用いる。また本来、「民主Democratic」という呼称は、衆愚政治の意味を含んでいたので蔑称であり、単に共和派/党と呼ぶ方が正確であるが、後の共和党と混同を避けるために民主共和派/党という呼称を採用した。

⑤　「大使ambassador」という呼称は君主制を想起させるため、アメリカではそれに代わって「公使minister」という表現が使われていた。したがって本書でも「公使」という表記を採用している。またその他の官職名についてはできるだけ意訳に努めた。例えばカーネル (Colonel) という名誉称号についても、カーネルという表現が馴染みがないために、判明する限り、「民兵 (名誉) 大佐」などと訳出している。

⑥　「ホワイト・ハウス」や「ファースト・レディ」といった呼称は初期には使われていなかったが、本書では便宜上、それらの呼称を用いている場合がある。

⑦　随所で引用されるアメリカ合衆国憲法の訳文はすべて『アメリカの歴史』(西川正身監訳) に基づく。

⑧　ヤード・ポンド法は次のようにメートル・グラム法に換算する。

　　1パイント＝約0.47リットル、1ガロン＝約3.8リットル、1ブッシェル＝約35.2リットル、1ホッグズヘッド＝約238.5リットル、1オンス＝約28グラム、1ポンド＝約454グラム、1インチ＝約2.5センチメートル、1フィート＝約30.5センチメートル、1ヤード＝約0.91メートル、1マイル＝約1.6キロメートル、1エーカー＝約0.4ヘクタール。

F　その他

①　本書全体の表記を含めた統一および調整は、筆者と編集部が行った。
②　史料については、収集から構成全般にわたり、筆者が主となって作成した。それゆえ、すべての責任は筆者に帰する。

■ジョン・アダムズの時代

年	年齢	月日	できごと
1735		10.30	マサチューセッツ植民地ブレインツリー（現クインジー）で誕生。
1744	8	3.15	ジョージ王戦争勃発。
1751	16	11	ハーヴァード・カレッジに入学。
1755	19	4.19	フレンチ・アンド・インディアン戦争勃発。
		7.16	ハーヴァード・カレッジを卒業。
1758	23	11. 6	マサチューセッツの法曹界に入る。
1764	28	10.25	アビゲイル・スミスと結婚。
1765	29	3.22	英議会の印紙条例可決により北米植民地各地で反対運動激化。
1771	35	6	マサチューセッツ植民地議会議員に選ばれる。
1774	38	9. 5	第1回大陸会議にマサチューセッツ植民地代表として出席。
1775	39	4.19	レキシントン＝コンコードの戦い、独立戦争始まる。
		5.10	第2回大陸会議にマサチューセッツ植民地代表として出席。
1776	40	6	独立宣言の起草に携わる。
		7. 4	独立宣言公布。
1778	42	2.17	使節としてフランスに向けて出航。
1779	43	8	マサチューセッツ邦憲法制定会議のブレインツリー代表に選ばれる。
		9.27	イギリスとの講和及び通商条約締結に関する全権公使に任命される。
1781	45	2.25	駐オランダ全権公使の辞令を受け取る。
		10.19	ヨークタウンの戦いでコーンウォリス率いる英軍が降伏。
1782	46	10. 7	オランダとの修好通商条約に調印。
1783	47	9. 3	イギリスとの講和条約に調印。
1788	52	4.28	母国に向けて出航。
		6.21	合衆国憲法発効。
1789	53	4.21	副大統領に就任する。
		7.14	フランス革命勃発。
1792	57	12. 5	副大統領再選。
1797	61	3. 4	大統領就任。
1799	64		フリーズの反乱勃発。
1801	65	3. 4	大統領退任。
1804	69		自伝の執筆を始める。
1812	76	6.19	1812年戦争勃発。
1818	82	10.28	妻アビゲイルが亡くなる。
1820	85		マサチューセッツ州憲法修正会議の一員に選出される。
1826	90	7. 4	老衰で死去、クインジーのファースト・ユニタリアン教会に葬られる。

アメリカ歴代大統領大全
第1シリーズ　建国期のアメリカ大統領　第2巻
ジョン・アダムズ伝記事典

目　次

はじめに ……………………………………………………………… i
本書について ………………………………………………………… iii
1. 概　要 ……………………………………………………………… 1
　　聖職者になるために高い教育を受ける　1
　　実務的な外交家として経験を積む　2
2. 出身州／生い立ち ………………………………………………… 2
　　ニュー・イングランドの中心マサチューセッツ　2
　　ピルグリム・ファーザーズの血統　3
3. 家庭環境 …………………………………………………………… 4
　　生家　4
　　少年時代の遊び　4
　　農夫を志す　5
　　父母　5
　　兄弟　6
4. 学生時代 …………………………………………………………… 7
　　父の希望でハーヴァードに進学　7
　　順調な大学生活と聖職者になる道への疑念　8
5. 職業経験 …………………………………………………………… 9
　　教師を務める傍ら法学を学ぶ　9
　　弁護士として成功　11
　　第1回大陸会議　16
　　第2回大陸会議　18
　　使節団員として渡欧　28
　　マサチューセッツ邦憲法制定会議　30
　　使節団員として再び渡欧　32
　　駐英アメリカ公使　37
　　第1代副大統領　42
6. 大統領選挙戦 ……………………………………………………… 48
　　1796年の大統領選挙　48
7. 政権の特色と課題 ………………………………………………… 50
　　主要年表　50
　　連邦議会会期　52
　　閣僚との確執　52
　　憲法修正第11条　53

　　　　ＷＸＹＺ事件　　*53*
　　　　外国人・治安諸法の制定　　*56*
　　　　軍備の増強　　*57*
　　　　ネイティヴ・アメリカン政策　　*58*
　　　　フリーズの乱　　*59*
　　　　擬似戦争終結　　*60*
　　　　ワシントンD.C.に首都移転　　*61*
　　　　1800年の大統領選挙　　*63*
　　　　真夜中の任命　　*64*
　　　　その他の内政　　*65*
　　　　その他の外交　　*65*

8．副大統領／閣僚／最高裁長官 …………………………*66*
　　　　副大統領　　*66*
　　　　国務長官　　*66*
　　　　財務長官　　*68*
　　　　陸軍長官　　*68*
　　　　司法長官　　*69*
　　　　郵政長官　　*69*
　　　　海軍長官　　*70*
　　　　最高裁長官　　*70*

9．引退後の活動／後世の評価 ……………………………*71*
9．1　引退後の活動 ……………………………………*71*
　　　　郷里に隠棲　　*71*
　　　　数々の批判に応える　　*72*
　　　　時事に対する提言　　*73*
　　　　息子の大統領就任を見届ける　　*74*
　　　　永遠のライバルにして理解者　　*75*
　　　　175年間破られなかった最長寿記録　　*78*

9．2　後世の評価 ………………………………………*79*
　　　　同時代人による評価　　*79*
　　　　肯定的評価　　*79*
　　　　根強い否定的評価　　*80*
　　　　日本での評価　　*81*
　　　　総評　　*81*
　　　　ランキング　　*82*

10. ファースト・レディ／子ども ……………………………………… 83
　10. 1　ファースト・レディ ……………………………………… 83
　　　　教養豊かな少女　83
　　　　結婚生活と長い別離　85
　　　　子ども達の巣立ち　87
　　　　大統領夫人　88
　　　　政権終了後　89
　　　　エピソード　90
　10. 2　子ども ……………………………………………………… 91
　　　　3男2女　91
　　　　脈々と続く血筋　93

11. 趣味／エピソード／宗教 …………………………………………… 93
　11. 1　趣　味 ……………………………………………………… 93
　　　　読書　93
　　　　8歳から喫煙　94
　11. 2　エピソード ………………………………………………… 94
　　　　自己紹介　94
　　　　アダムとイヴの謎　95
　　　　町の名前　95
　　　　独立運動に関する見解　95
　　　　300万分の1の貢献　96
　　　　シャボン玉　96
　　　　奴隷制観　96
　　　　栄誉　97
　11. 3　宗　教 ……………………………………………………… 97
　　　　ユニタリアン派　97

12. 演　説 ………………………………………………………………… 98

13. 日本との関係 ………………………………………………………… 101
　　　　ワシントンの後継者　101
　　　　アダムズの日本に関する言及　101
　　　　フランクリン号が日本と通商　101

14. 参考文献 ……………………………………………………………… 102

巻末史料 …………………………………………………………………… 105

総合年表 …………………………………………………………………… 139

アメリカ歴代大統領大全
第1シリーズ　建国期のアメリカ大統領　第2巻
ジョン・アダムズ伝記事典

第2代　アメリカ大統領
連邦派　Federalist

1797.3.4－1801.3.4

ジョン・アダムズ
John Adams

The die is now cast; I have passed the Rubicon; swim or sink — live or die — survive or perish, with my country — that is my unalterable determination.

今や賽は投げられた。私はルビコンを渡ったのだ。泳ぎ渡れようとも沈んでしまおうとも、生きようとも死のうとも、生き残ることができようとも滅びようとも、我が国とともにあること。それが私の変わらざる決意です。

—John Adams. 1774.7.

1. 概　要

聖職者になるために高い教育を受ける

ジョン・アダムズは1735年10月30日（ユリウス暦では1734/5年10月19日：新年開始日が複数あったので複年数で表記する。イギリス植民地でグレゴリオ暦が導入されたのは1752年である）、マサチューセッツ植民地ブレインツリー Braintree

（現在のクインジー Quincy）で父ジョン・アダムズと母スザンナの間に長男として生まれた。ちなみにジョン・アダムズという名前は父にちなんでいる。

父ジョンは息子を聖職者にするために高い教育を施そうと考え、アダムズをハーヴァード・カレッジ Harvard College に進学させた。しかし、アダムズは聖職者の道には進まず弁護士の道に進んだ。

実務的な外交家として経験を積む

1774年に第1回大陸会議 First Continental Congress が開かれた際にマサチューセッツ植民地代表の1人に選ばれ、翌年の第2回大陸会議 Second Continental Congress でも続いて代表に選ばれた。1776年の独立宣言起草にも携わった。そうした活躍により「独立のアトラス（ギリシア神話に登場する巨人）Atlas of Independence」と呼ばれる。大陸会議では戦争・軍需品局 Board of War and Ordnance の長を務め、大陸軍の支援を行った。

さらにヨーロッパで約10年にわたって外交官として働いた。帰国後に副大統領に選出された。ワシントン引退後、1796年の大統領選で勝利し、ワシントンの後を襲った。

ワシントン政権末期から激しさを増した連邦派と民主共和派の対立により政権運営は混迷を深めた。アダムズ自身は連邦派と目されたが、連邦派の中心的人物であるハミルトンと良好な関係を築くことができなかった。そのような困難な状況の中、大統領独自の判断で悪化した対仏関係を改善し、中立を守った。

2．出身州／生い立ち

ニュー・イングランドの中心マサチューセッツ

アダムズの出身地であるマサチューセッツは、ヴァージニアを中心とする南部に対して、北東沿岸部を占めるニュー・イングランドの中心である。初めて行われた大統領選挙では、ニュー・イングランド6州の中でも最多の大統領選挙人を割り当てられている。また1796年の大統領選ではヴァージニアに次いで多くの大統領選挙人を輩出している。マサチューセッツの人口は、1790年の統計では約37万9,000人であり、人口約1万8,000人を抱えるボストンはニュー・ヨーク、フィラデルフィアに次

ぐ主要都市であった。

　マサチューセッツはネイティヴ・アメリカンの言葉で「大きな丘のある場所」という意味である。1620年にピルグリム・ファーザーズ Pilgrim Fathers がニュー・イングランド初のプリマス植民地 Plymouth Colony を建設し、さらに1630年ジョン・ウィンスロップ John Winthrop（1588-1649）率いるピューリタンがマサチューセッツ湾植民地 Massachusetts Bay Colony を建設した。そのため「古い植民地 Old Colony State」や「湾岸州 Bay State」というニックネームで呼ばれる。

　大規模農業には適さない土地柄であり、南部に見られるような大規模かつ商業的な農業とは異なり自給自足の農業が主であった。その一方で沿岸部はアフリカにまで及ぶ広域交易で栄えた。独立革命前後に起きた産業革命では、交易を通じて蓄積された財により主導的な役割を果たした。そのため長らくアメリカの製造業の中心であった。

　また1773年にボストン茶会事件 Boston Tea Party、さらに1775年にはレキシントン＝コンコードの戦い Battles of Lexington and Concord が勃発し、マサチューセッツは独立革命で重要な役割を果たした。

　アダムズの故郷であるブレインツリーはボストンの西郊外にある。生家は1940年までアダムズ一家が所有していたが、現在では国の史跡に指定されている。

ピルグリム・ファーザーズの血統

　アダムズの先祖はイギリスのサマセット Somerset のバートン・デイヴィッド Barton David に住んでいた。アダムズの7世の祖ジョン・アダムズ John Adams の名が1539年の軍役名簿に記載されている。

　1638年、アダムズの高祖父ヘンリー・アダムズ Henry Adams（1583?-1646.10.8?）がアメリカに移住し、新大陸における最初の世代となった。マウント・ウォラストン Mount Wollaston（ブレインツリー）に居を定めたヘンリーは農業と麦芽製造業を営んだ。アメリカにおけるアダムズ家の祖である。ヘンリーの孫ジョゼフ Joseph Adams（1654.12.24-1737.2.12）は、ジョン・オールデン John Alden（1599-1687）（ピルグリム・ファーザーズの一員としてヘンリー・ロングフェロー Henry W. Longfellow（1807.2.27-1882.3.24）の詩に登場することで名高い）の孫娘ハンナ・バス Hannah Bass（1667.6.22-1705.10.24）と結婚した。ハンナとジョゼフの間に生まれた子がアダムズの父ジョンである。つまり、系譜を遡るとアダムズはピルグリム・ファーザーズの玄孫にあたる。ちなみに建国の父の1人

であるサミュエル・アダムズ Samuel Adams（1722.9.16-1803.10.2）はアダムズの又従兄弟にあたる。

　アダムズは「高潔で独立心に富んだニュー・イングランドの農夫」の子孫であることを誇りに思っていた。アダムズにとって、自ら保有する土地を耕し、誰もが平等なニュー・イングランドの農夫こそ理想的な人々であった。アダムズはある外交官に対して「私の父母も祖父母も曾祖父母もイギリスとこの150年間まったく何も関係を持っていません。だからあなたは私に1滴残らずアメリカ人たる血が流れているのを見ることができます」と語っている。

3．家庭環境

生家

　アダムズの生家は暖炉を中心に5部屋からなる2階建てのごく普通の住居であった。煉瓦とオーク材、そして松の羽目板などでできていた。裏には納屋があり、農場や果樹園に続いていた。家族は父と母、アダムズ、そして2人の弟ピーターとエリヒューの5人であった。

ジョン・アダムズの生誕地

少年時代の遊び

　少年時代のアダムズは玩具のボートを作って浮かべたり、凧を飛ばしたり、時には輪回し遊びで友達と競い合った。春は輪投げやおはじき、夏は水泳やボート、そして冬はスケートや罠猟を楽しんだ。時には1回に5マイル（約8キロメートル）まで歩くこともあった。アダムズ自身は「お楽しみの中で絶えず放蕩三昧だった」と述べ

ている。中でもレスリングはアダムズが得意とする遊びであった。小柄ながらも敏捷で力が強かったという。成人後の身長は5フィート6インチ（約167.8センチメートル）である。こうした遊びは当時ではごく普通の遊びであった（see→105頁、巻末史料3-1）。

最も熱中したことはハンティングである。暇を見つけてはウッドチャックやリス、兎、猛禽類を銃で狩っていた。授業が終わったらすぐに狩りに行けるように学校にまで鳥撃ち銃を持って行くほどの熱中ぶりであった。また家の近くの丘に登ってボストンの港から北に向けて出て行く船をよく眺めていたという。アダムズは、こうした少年時代を「お伽話のように過ぎ去った」と後に回想している。また「10、11歳から私は女性の一団がとても好きだった。若い女性の中にはお気に入りがいて、多くのタベをともに過ごし、この傾向は大学に入った後、7年間は抑えられてきたが、（結婚するまで）また元に戻った」と述べている。

農夫を志す

父ジョンは少年時代のアダムズに何とかして本に興味を持たせるようにしようとしたがなかなかうまくいかなかった。ある日、父は10歳の息子に「何になるつもりなのか、我が子よ」と問いかけた。「農夫になるよ」と息子はためらうことなく答えた。父は「農夫だって？　ではおまえさん、農夫になることがどういうことかを教えてやろう。明朝、ペニーの渡し場に一緒に行き、萱刈りを手伝ってもらおう」と言った。

翌日、アダムズ親子は一日中、湿地帯で萱を刈っては束ね、束ねては刈って過ごした。アダムズは父に遅れまいと懸命に働いた。その日の夕食の後、父は息子に「どうだジョン、農夫になることに満足できるかな」と聞いた。息子は泥まみれになりながらも「農作業はとてもいいね、お父さん」と全く動じることなく答えた。息子の答えに面食らいながらも父は、「いや私はそれほどいいとは思えないよ。おまえは学校に戻ることになるよ」と言った。アダムズは「私は［学校に］行ったけれども、川での萱刈りの最中と比べてもたいして楽しいとは思えなかった」と記している。

父母

ジョン・アダムズ

父ジョン John Adams（1691.1.28/2.8-1761.5.25）は、マサチューセッツ植民地ブレインツリーで生まれた。ジョンは農夫であり、農閑期には革製品を作ってい

た。それだけではなく、会衆派教会の執事をはじめとして民兵隊将校、保安官、徴税人、行政委員などブレインツリーの町でさまざまな役割を務めた。

1734年10月31日、スザンナ・ボイルストンと結婚した。そして、1761年5月25日、ブレインツリーでインフルエンザの流行により亡くなった。息子アダムズは父ジョンの死に際して「合わせて20年間にわたって、ほぼすべての町の雑事を父はこなしていた。父は私が知る中で最も実直な人物であった」と評している (see → 105頁、巻末史料 3^{-2})。

スザンナ・アダムズ

母スザンナ Susanna Boylston Adams (1699. 3. 5-1797. 4. 17) は、マサチューセッツ植民地ブルックライン Brookline で生まれた。

町の雑事に関わることが多かったために父ジョンは貧困家庭を助けることもよくあったらしい。母スザンナはそれを良く思ってはいなかったという。父ジョンが貧しい2人の少女を家に連れ帰った時も怒りを露わにしている。母スザンナの実家のボイルストン家は、マサチューセッツの医学の歴史の中で有名な家柄であった。

アダムズは膨大な量の自筆文書を残しているが、母に関する言及は数少ない。またスザンナ自身も何も書き残していないうえに、家族からスザンナに宛てた手紙も残っていない。しばしば手紙を他の人に声に出して読んでもらっていたことからすると、スザンナは読み書きができなかったと推測される。当時の社会では読み書きができないことは特に珍しいことではなかった。

そのように数少ない史料からすると、スザンナは時に激しい気性を見せる女性であったらしい。一方で、アダムズの妻アビゲイルは義母を家族に献身的で「模範的な慈愛」の心を持った女性だと述べている。1797年4月17日、ブレインツリーで亡くなった (see → 105頁、巻末史料 3^{-3})。

兄弟

ピーター・アダムズ

長弟ピーター Captain Peter Boylston Adams (1738. 10. 16-1823. 6. 2) は、マサチューセッツ植民地ブレインツリーで生まれた。農夫であり、ブレインツリー民兵大尉であった。

エリヒュー・アダムズ

末弟エリヒュー Captain Elihu Adams (1741. 5. 29-1776. 3. 18) は、マサチュー

セッツ植民地ブレインツリーで生まれた。独立戦争時、民兵中隊の指揮官を務めたが、1776年、ボストンで病没した。

4．学生時代

父の希望でハーヴァードに進学

ピューリタン教育と数学

　父ジョンから読み書きの基本を教わったアダムズは6歳からペン・ヒル Penn Hill にあるベルチャー夫人の学校 Mrs. Belcher's school に通うようになった。その学校では読み書きや簡単な算数を学ぶことができた。生徒達は『ニュー・イングランド祈祷書 The New England Primer』を暗唱させられ、ピューリタンの価値観を徹底的に叩き込まれた。例えば「激しく燃え盛る地獄在り。邪悪な者が永遠に住まう処。悦楽に満ちた天国在り。善良な者が永遠に住まう処。死を迎えるその時に我が魂はそのいずれかに旅立たねばならぬ」というような文章が含まれていた。

　学校に退屈したアダムズは、本や勉強にあまり興味を示さなかった。その当時、農夫になるのであれば高い教育は必要ではなかったからである。ベルチャー夫人の学校を卒業した後、アダムズは自宅から1マイル（約1.6キロメートル）程離れたラテン語学校に通った。同窓生には後に大陸会議議長を務めたジョン・ハンコック John Hancock（1737.1.23-1793.10.8）がいた。ラテン語学校の進度は、アダムズがすでに身に付けている数学を教えるほどとても遅かった。それに業を煮やしたアダムズは、教師に頼ることなく自力で一連の課題を終えてしまった。このことはアダムズにとってその後の人生を変える体験となった。自ら進んで勉強することの喜びを知ったのである。

ハーヴァード進学に備える

　数学の面白さに目覚めた一方で、アダムズはラテン語に全く興味を持つことができなかった。そのためアダムズの学業は捗らなかった。決して豊かではない家計から学費を捻出していることを申し訳なく思ったアダムズは、ある日、学校をやめて農場で働くことを父に申し出た。父は「おまえに大学教育を受けさせると私が心を決めていることは分かっているだろう。それになぜ逆らう必要がある？」と息子を問い詰めた。父の落胆する姿を見たくなかったアダムズは、「先生が好きになれない。先生は

とても怠慢で怒りっぽいから、もうそういう先生の下で何も学びたくはない。もし、僕を受け入れてくれるようにマーシュ先生 Joseph Marsh を説得してくれるなら、僕に素質がある限り、勉強に専念して準備が整ったら大学に進学するよ」と答えた。息子の思いを聞いた父は早速、マーシュを訪問し、翌朝、息子に問題は解決したと告げた。

マーシュの下で、アダムズは見違えるほど熱心に勉強するようになった。あれだけ熱中したハンティングさえも忘れて本を耽読するようになった。マーシュは懇切で辛抱強い先生であり、アダムズの素質をいち早く見抜いた。わずか1年足らずでアダムズは入学試験に必要な知識を習得した。

進学先は最初からハーヴァード・カレッジ以外に選択肢はなかった。父ジョン自身は高い教育を受けていなかったが、その兄ジョゼフ Joseph Adams は、1710年にハーヴァードを卒業し、ニュー・ハンプシャーの教会で牧師を務めていた。父は息子が聖職者になることを希望していたので、兄ジョゼフと同様の道をたどれるように取り計らったのである。

当初、ハーヴァード・カレッジの入学試験にマーシュが同行する予定であったが、急病のために15歳の少年は独りで大学に向かわなければならなかった。その道すがら、アダムズは、入学試験を受けずに家に帰ることも考えたが、父と先生を落胆させまいと勇気を振り絞ってハーヴァードの門をくぐった。ラテン語に苦戦したアダムズであったが、幸い入学を認められた。

順調な大学生活と聖職者になる道への疑念

この当時からすでにハーヴァード・カレッジは創建されて100年以上を経た名門校であった。しかし、現在とは違って学生数はわずかに100人程度に過ぎなかった。大学の教科は、ラテン語、ギリシア語、論理学、修辞学、哲学、形而上学、物理学、地理学、数学、幾何学、そして神学などであった。アダムズが特に好んだ教科は数学と哲学である。

アダムズは学びの傍ら、読書クラブに入っていた。新しく出た本や詩などをお互いに音読しあうクラブである。特に悲劇を演じることにアダムズは長じていた。このクラブに所属することで、アダムズは言葉によって他人を動かす醍醐味に気付いたらしい。また討論クラブ Harvard Discussion Club に参加した際も、自分は聖職者よりも弁護士のほうが向いているのではないかと思ったという。この頃、「私はよく、

何よりも特に悲劇を朗読するよう頼まれていた。で、私は演説の才能があるから、実に有能な弁護士になるに違いない、と耳もとで囁かれたり、学生たちの間で噂されたものである」(曽根田憲三訳)とアダムズは語っている。

後にアダムズは自伝の中でこうした大学生活を、「すぐに私は、広がりつつある好奇心、本に対する愛好、そして勉強への没頭に目覚めた。それはスポーツへの私の興味を失わせ、さらに社交界のご婦人方への興味さえ失わせた」と回想している。アダムズにとって大学生活は「まったく完全な幸福」であった。

卒業後、アダムズは聖職者になる道へ進むことになっていた。しかし、アダムズの胸の裡には厳格なカルヴィニズムの「教条主義と偏狭さ」に対する疑念が生じていた。その当時、流布していたレミュエル・ブリアン牧師 Lemuel Briant (1722-1754) の自由な教義解釈にアダムズは影響を受けていた。父の期待は大きかったが、そうした疑念を払拭しない限り、聖職者になったとしても「教区を受け持つことができないし、よしんば受け持つことができたとしてもすぐに去らざるを得なくなる」とアダムズは考えていた。1756年9月に友人に宛てた手紙の中でも「恐ろしい教会組織、教会の評議員会、信条などについて極度の嫌悪なしで考えることはできない」と述べている。

1755年7月16日、アダムズは24人中14位で卒業を迎えた。当時の席次は純粋に本人の学業成績だけではなく、社会的地位も勘案して付けられたのでアダムズの順位は決して悪いものとは言えない (see → 105頁、巻末史料 4^{-1})。

5．職業経験

教師を務める傍ら法学を学ぶ

熱意と不安

1755年8月、アダムズはブレインツリーから約60マイル (約96キロメートル) 離れたウスター Worcester の町にあるタデウス・マカーティー Thaddeus Maccarty の学校でラテン語教師として働き始めた。「大勢のおちびさん達はABCがやっとのことで言えるくらいで、教師に手を焼かせる」と困惑しながらも、熱心に生徒を指導した。そうした経験からアダムズは、「懲罰や脅かし、そして非難することよりも約束や励まし、賞賛することのほうがたやすく人間の気持ちを動かしたり、

左右したりする」という教訓を引き出した。アダムズは教室の様子を「この小さな国で、私はすべての偉大なる天才、すべての驚くべき行動、そして小規模だが偉大なる世界の革命を見いだした。身長3フィート［約91.5センチメートル］に過ぎないが誉れ高き将軍達とペティコートに身を包んだ深い洞察力を持った政治家達がいる」と語っている。アダムズにとって小さな教室はまさに世界の縮図であった。

　しかし、この時期から継続的に付け始めた日記には、アダムズのさまざまな迷いや不安が表れている。将来の希望と疑念、自らの野心と可能性、そして神と人間に関する思索などが書き連ねられている。アダムズは資産家に、できれば偉大な人物になりたいと考えるようになっていた。「生まれ、食べ、眠り、そして死に、忘れ去られるような普通の人の群れ」に入りたくないと思っていた。そして、広い世界に出て自らの才能を発揮して「時の終わりまですべての価値あるものの中で不滅の記憶として残るという展望」を夢見ていた。「私自身の手で宝を掘ることが私の運命だ。誰も私につるはしを貸したり売ったりしてはくれないのだから」とアダムズは記している。生徒の1人は、アダムズ先生がよく独りで物思いに耽ったり、何かを忙しく書いていたりする様子を記憶に留めている。

　1756年7月21日の日記にアダムズは「木曜日、金曜日、土曜日、そして日曜日の朝は日の出とともに起きて聖書を勉強し、他の曜日の朝はラテン語の著作を勉強することを決心する。午後と夜は英語の著作を読もう。精神を奮い立たせて注意力を引き付けなければならない。自分自身の中に冷静さを保ちつつ、私が読んだものと私が知るものについてよく考えよう。私よりも恵まれない人々を超えて重要な人物になれるように全身全霊で努力しよう」と記している。しかし、早くも翌日、アダムズは7時まで寝過ごし、何もせずにぼんやりと時間を過ごしてしまった。「私は本も時間も友も持っていない。それゆえ、私は無名で世に知られず生き、そして死んでいくことに満足しなければならない」とアダムズは嘆いている。他人からすると過度の自己卑下のように思える考え方は、自惚れが最も甚だしい悪徳だと考えていたアダムズにとって奇異な考え方ではなかった（see → 105頁、巻末史料5[-1]）。

　弁護士を目指す

　自分がどういった進路を取るべきか悩んでいたアダムズはともに寄宿していた内科医から本を借りて読み、一時期、医者になることも考えた。聖職者の道も再考したし、軍人になることも考えた。しかし、地方法廷を見学したアダムズは法学を志す決意を固めた。ミルトン John Milton（1608.12.9-1674.11.8）やヴァージル Publius

Vergilius Maro（B.C. 70. 10. 15-B.C. 19. 9. 21）、ヴォルテール Voltaire（1694. 11. 21-1778. 5. 30）、ボーリングブルック Viscount Bolingbroke（1678. 9. 16-1751. 12. 12）の『歴史の考察と効用に関する書簡集 Letters on the Study and Use of History』などを熟読した。またこの頃は北米植民地の人々が自らをアメリカ人と呼び始めた時期にあたる。そうした時代の雰囲気も手伝って、アダムズの目は次第に政治と歴史に向けられるようになった。1755年10月12日の親類に宛てた手紙の中でアダムズは「私が政治家に転向したとしても驚かないでくれ。町中が政治［談義］に熱中している」と語っている。

1756年8月21日、アダムズは弁護士になる道を進む決意を固め、ウスターの弁護士ジェームズ・パットナム James Putnam（1725-1789. 10. 23）の下で法学を2年間勉強する契約を交わした。日中は学校で教鞭をとり、夜に法学書を読んだ。そうした厳格な生活により体調を崩すこともあった。そのような時、アダムズは牛乳とパンと野菜を常食とした。体調が悪い時にそうした食事法を守ることは生涯にわたる習慣となった。

パットナムとアダムズはしばしば政治や宗教について議論を交わしていた。パットナムがしばしば侮蔑的な態度をとったとアダムズは記している。フレンチ・アンド・インディアン戦争に話が及ぶこともあった。フレンチ・アンド・インディアン戦争中、アダムズはウスターの軍政長官の伝令としてロード・アイランドのニューポート Newport まで赴いている。

その当時、弁護士は若者が自らの才能を発揮して立身出世を果たすことができる数少ない選択肢の1つであった。しかし、その当時、弁護士は聖職者よりも社会的地位が低いと考えられていたので、家族や友人は反対している（see → **106頁、巻末史料 5^{-2}・5^{-3}**）。

弁護士として成功

弁護士業と恋愛

1758年10月5日、法学の勉強を終えたアダムズはウスターを発ってブレインツリーに戻った。そして、ハーヴァード・カレッジの図書館に立ち寄った後、10月24日、ボストンに至って法曹界に入る準備を始めた。11月6日、ボストンの法曹界はアダムズを迎え入れた。アダムズはブレインツリーとボストンの間を往復して不動産証書や遺言状の作成などの業務に携わった。

しかし、アダムズの目標は、「世界を驚かせるような何か新しいこと」を見つけて名声を得ることであった。この頃の日記には「もしカレッジの目録が幸運にも私の名前を留めていなければ、今から70年以内に私は完全に忘れ去られるだろう」と記されている。法曹界に入っても不安が完全になくなったわけではなかった。名声と同じくアダムズが強く求めていたものは、不安に満ちた心を落ち着かせてくれる何かであった。それが何かはまだアダムズには分からなかった。

　弁護士として働く傍ら、「1日に少なくとも6時間」は法律や政治関連の書籍を読んで勉学に勤しむことを自らに課した。書籍による学問だけではなく、居酒屋、市場、町民会などにも足を運び、人間のさまざまな実情を理解しようとした。とはいえボストンの街はアダムズにとって落ち着ける場所ではなかった。

　もちろんアダムズは弁護士業や読書に専念しているだけではなかった。この頃、友人に送った手紙の中で「法学の本を私が見ているのであれば、私の目が本に向けられていることは間違いない。しかし、想いは茶卓にさまよい、彼女の髪、瞳、姿、そして親しみやすい顔立ちに向かっている。私はベッドに横たわって夜の半ば眠れないでいる。ようやく眠りに落ちれば全く同じ魅力的な光景を何度も夢見ている」と恋愛について語っている。

　相手はハンナ・クインジー Hannah Quincy という女性であった。アダムズよりも1歳年下で、求婚者の列が絶えることが無い魅力的な女性であった。弁護士として成功し、経済的に安定するまで結婚できないと考えていたアダムズは結局、ハンナに求婚することはなかった。1760年、ハンナは別の男性と結婚し、アダムズ自身もその4年後、アビゲイル・スミスと結婚した。アダムズは生涯、彼女を忘れなかったという。それから60年後の1820年、寡婦となっていたハンナは同じく伴侶を失っていた84歳のアダムズを訪ねた。表情を輝かせながら老アダムズが、「キューピッズ・グローヴ［恋人達がよく散歩していた地元の小道］を一緒に歩きませんか」と問うと、かつての恋人は「そこを歩いたのは初めてではありませんわ」と答えたという。

　1761年2月、アダムズはボストンでジェームズ・オーティス James Otis, Jr. (1725. 2. 5-1783. 5. 23) が演説するのを聴いた。オーティスは、関税を支払っていない外国製品の捜索のために個人の商店や住居に対して立ち入り調査を認める臨検令状 Writs of Assistance はイギリス憲法に違反すると訴えた。アダムズはこうしたオーティスの訴えを「イギリスの恣意的な行動に対する最初の抵抗であった。そして、そこからアメリカの独立が生まれた」と評価している（see → 106頁、巻末史料

5^{-4}・5^{-5})。

　同年3月、アダムズは公道の測量と税査定を行う役目に選ばれ、ロックスベリーRoxburyとウェイマスWeymouthに通った。アダムズには測量の実務経験は無かったが、その当時、能力のある男性は何らかの公用を果たすように求められた。これがアダムズにとって最初の公職となった。この仕事をすることで、「私は町のあらゆる場所で敵を作った」とアダムズは記している。

　また同年5月25日、父ジョンが、マサチューセッツ東部で猛威を振るった流行性感冒に罹患して亡くなった。家屋と約40エーカー（約16ヘクタール）の土地を相続した。これを機にアダムズは家屋を改築してささやかながらも自分の法律事務所を開設した。そして、11月にはマサチューセッツ植民地最高裁の法廷弁護士に選ばれた。これは弁護士の中でも非常に高い地位である。

　1763年、アダムズはボストンの法曹界で改革を打ち出し、酒類販売に関する規定を認めさせた。さらにアダムズはブレインツリーの居酒屋の規制の強化に取り掛かった。8月、アダムズは「私的復讐について On Private Revenge」と題する一連の論説を発表している。

飛躍の年

　「1765年は私の人生の中で最も際立った年であった」と日記に記しているように、1765年はアダムズにとって飛躍の年であった（see→107頁、巻末史料5^{-6}）。3月、イギリス議会が印紙条例を可決した。その報せを聞いてアメリカ人の不満は頂点に達し、北米各地で反対運動が激化した。法的文書にも印紙の添付が義務付けられるために、弁護士であるアダムズ自身も大きな影響を受けることは必至であった。アダムズにとって印紙条例は「私の破滅への一歩であると同時にアメリカ人一般の破滅への一歩」であった。

　アダムズは、サミュエル・アダムズやジェームズ・オーティス達とともに同年1月に結成した「ソダリタス・クラブ Sodalitas, A Club of Friends」で印紙条例について議論を交わした。その成果は、8月から10月にかけて、匿名で『ボストン・ガゼット紙 Boston Gazette』上に発表された。それはアダムズにとって最初の政治に関する著作であり、後に「教会法と封建法について A Dissertation on the Canon and the Feudal Law」（see→**107頁、巻末史料5^{-7}**）として広く知られるようになった。「教会法と封建法について」は1765年2月の日記にその草稿が見て取れる（see→**108頁、巻末史料5^{-8}**）。

その内容は、決して暴徒を扇動するような内容ではなかった。反対運動に伴う暴動を「平和を酷く乱す」行為として斥ける一方で、「いかなる自由人も、彼自身の行動か過失によらずして財産から分かたれることはない」と述べている。ニュー・イングランドの性質と歴史に対する鋭い分析を通じてアダムズが示したのは、アメリカ人には神から与えられ、先祖達の勇気と犠牲によって築き上げられた自由があるという点である。そう述べることでアダムズは、植民地であるアメリカが独自の自由を持つ根拠を明示した。そして、教会の監督制度と印紙条例の導入は、それぞれアメリカの自由を抑圧する専制的な体系に他ならないと訴えた。

この著作によりアダムズは政治に深入りするようになる。しかし、一方で「生業の準備に三十年もの歳月が過ぎてしまった。私は貧困と闘ってこなければならなかった。嫉妬と妬みと敵の悪意に遭遇してきた。友人もなく、あったとしても私を助けてくれる者はほとんどいない。最近まで暗やみの中を手探りで進んできたのだ。今やっとのことでわずかながらの知名度を得た。だが、そんな時、この忌まわしい出来事がアメリカとイギリスと、そしてこの私の破滅を開始したのだ」(曽根田憲三訳)とアダムズは記している。

さらにアダムズはマサチューセッツ植民地総会に出席するブレインツリー代表のために「ブレインツリー訓令書 Braintree's Instructions」を執筆した。それは9月24日にブレインツリーで採択された後、『マサチューセッツ・ガゼット・アンド・ボストン・ニューズ・レター紙 Masschusettes Gazette and Boston News Letter』上で発表され、瞬く間に40以上の町に受け入れられた。さらにボストンの町民集会でアダムズは総督へ請願書を提出する委員の1人に選ばれた。

「ブレインツリー訓令書」の中でアダムズは、印紙条例が、自由人は同意なく課税されないというマグナ・カルタ Magna Carta の原則を侵害する法律であると指摘し、かつてアイルランドで使われた「代表なければ課税なし」という言葉でそれを説明している。そして、陪審員を伴わず海事裁判所 Admiralty Court が法を執行することは誤りであり、陪審員、もしくは独自の司法制度による審理を行うべきだと説いた。そして、「我々は決して奴隷になることはできない」と強く主張している (see → 108頁、巻末史料5[9])。

その一方でアダムズはジェームズ・オーティス達とともに閉鎖されたボストンの法廷を再開するようにマサチューセッツ植民地総督に陳情している。アダムズはサミュエル・アダムズを代表とする政治家の集まりであるマンデー・ナイト・クラブ

Monday Night Club に顔を出すようになった。さらに「自由の息子達 Sons of Liberty」創立に加わっている。「自由の息子達」は、印紙条例に反対する急進的な抵抗組織であった。また通信連絡委員会 Committees of Correspondence の創立にもサミュエル・アダムズとともに関与した。

2つの大きな勝訴

またアダムズは印紙条例に関して1766年にキング対スチュアート King vs. Stewart 事件で原告の弁護を務めた。印紙条例施行の際に、イギリス政府側に立った商人リチャード・キング Richard King が、1766年3月のある夜、自宅を襲撃された事件である。襲撃者の中にはキングから借金をしている者も含まれていた。アダムズは襲撃を個人的な復讐だと主張して勝訴した。

結局、イギリス議会は印紙条例を撤回したが、それと同時に1766年の宣言法 Declaratory Act of 1766 を制定した。それは、イギリス議会の定めた法律が植民地を専権的に拘束することを意味し、アメリカの自由に対する最大の脅威だと見なされた。後にアダムズは「独立を求める戦争は、アメリカ革命の結果である。真の革命は1776年より10年から20年前に植民地の人々の心の中で起こっていた」と語っている。

キング対スチュアート事件に続いてアダムズの知名度を高めた仕事はジョン・ハンコックの弁護である。ハンコックは密貿易王の異名をとった人物で後に大陸会議の議長を務めたことで知られている。ボストン港にワインを密輸した嫌疑でハンコックは告訴された。船の差し押さえに加えて莫大な罰金を科せられる恐れがあった。アダムズは、アメリカ人によって代表されていないイギリス議会が通商規定を定めている点と不当にも陪審員なしで裁判にかけられている点を主張して最終的に告訴を取り下げさせることに成功した。

1768年、アダムズは海事裁判所の検事総長就任を打診された。就任を引き受けることは植民地の問題に関して本国イギリス側の立場に立つことを意味したので、アダムズは就任を断った。植民地の問題に関するアダムズの見解はボストンの新聞で発表されている。

プレストン裁判

さらに1770年、アダムズの弁護士としての名声をより高める事件が起きた。ボストン虐殺事件 Boston Massacre である。3月5日、税関の警備をしていたイギリス兵達とボストン市民の一群が小競り合いを起こした。数で圧倒的に勝るボストン市民

はイギリス兵達を取り囲んだ。トマス・プレストン Thomas Preston（1722?-1798?）大尉は彼らを救出しようとして発砲し、5人の市民が犠牲となった。翌6日、プレストンと8人の兵士が殺人罪の嫌疑で逮捕された。

アダムズはイギリス兵達とプレストンを弁護するように依頼された。ボストン市民の怒りをかうことを恐れて他の誰もが弁護を引き受けることに尻込みしたが、アダムズは、誰もが公平な裁判を受ける権利があるという強い信念の下、依頼を受諾した。

まずプレストンの弁護では、兵士達がプレストンの命令無く発砲したことを陪審員に納得させて見事に無罪を勝ち取った。さらに残る兵士達に関しても、兵士達が平和的な市民の一群に対して無差別に発砲したという証言に真っ向から対決した。アダムズの主張によると、市民の一群は「無法な少年、黒人、混血、アイルランド系のならず者、異国の水兵からなる雑多なやじ馬達」であって、「叫んで虐待を行い生命を脅かし、鐘を打ち鳴らし、野次を飛ばし、奇声をあげ、インディアンの叫び声を使い、あらゆる場所から来た人々が路上のあらゆるがらくたを拾って投げつけた」という。アダムズの訴えに動かされた陪審員は、2人を有罪としたものの、他6人の無罪を認めた（see → 109頁、巻末史料5^{-10}・5^{-11}）。

この事件で弁護を務めたことにより、アダムズは一時的に多くの顧客を失い、「我々［事件を弁護した者達］がボストンの通りに姿を現す時はいつでも、最も不名誉な形で我々の名前がけなされる」ようになった。しかし、時が経つにつれて、アダムズが示した冷静な判断は却ってアダムズに名声をもたらすようになった。後にアダムズは、この事件で弁護を務めたことを「私の人生の中で最も勇敢で、高潔で、雄々しく、公平無私な行いの1つであり、私がわが国へ尽くしてきた奉仕の中でも最善の奉仕の1つであった」と回想している。

第1回大陸会議

大陸会議への期待

1771年6月、アダムズはボストンを代表してマサチューセッツ植民地議会議員に選出された。アダムズの得票は418票で残りの118票が他の候補に流れた。しかし、プレストン裁判からの体調不良と神経衰弱が原因でアダムズは公職を離れ、ブレインツリーに居を戻した。以後、16ヶ月にわたって、旅に出たり、コネティカット植民地スタッフォード Stafford の鉱泉に滞在したりして、療養生活を送った。1772年11月にアダムズはボストンに戻ったが、「私は政治、政治的クラブ、町民会、総会を

避けなければならない」と書いている。政治からは距離を置き、できるだけ家族とともに過ごす時間を持とうと考えたのである。

1773年5月、アダムズを政界に復帰させることが起きた。植民地議会議員の中の急進派達は、アダムズを総督評議会 Governor's Council の一員に指名したのである。しかし、総督トマス・ハッチンソン Thomas Hutchinson (1711. 9. 9-1780 .6. 3) は、アダムズが反動的であるという理由でその指名を拒否した。それは却って急進派達の間でアダムズの名を高めた。

マサチューセッツでの抵抗運動はさらに強まり、1773年12月16日、ボストン茶会事件が起きた。その報復としてイギリスは懲罰諸法 Coercive Acts に基づいてボストン封鎖を断行した。ボストン茶会事件についてアダムズは12月17日の日記に「この紅茶の破棄は、大胆不敵で、確固とした、勇敢で動じることがなく、重要な結果をもたらす長続きする事件なので歴史の一角を占める出来事だと考えざるを得ない」と記している（see → 109頁、巻末史料5[-12]）。しかしながら、アダムズはそうした過激な行動が無軌道な暴力に取って代わられ、抵抗運動自体の正当性を損なうのではないかと危惧していた。この頃、アダムズはボストンに住居を移していたので、身をもってボストン封鎖を体験している。こうした懲罰諸法は第1回大陸会議開催の主な契機となった。

1774年6月17日、アダムズはマサチューセッツ植民地の4人の大陸会議代表の1人に選ばれた。8月10日にマサチューセッツ植民地の代表達は歓呼の中、ボストンを出発した。一行は各地で歓迎を受けた後、8月29日にフィラデルフィアに入った。6月20日の日記には「新たな素晴らしい場面が私の前に開かれた。大陸会議である」と記されている。その一方で「私は独り悩み、考え、憂鬱になり、沈思黙考した。私の目の前にある目標は大き過ぎて理解が及ばない。時代にうってつけの人物がいないのか」とアダムズは不安も吐露している。なお、会議開催の3日前にアダムズは初めてジョージ・ワシントンに会っている。

大陸会議でアダムズに割り当てられた役割は、「権利と抗議の宣言 Declaration of Rights and Grievances」を起草する委員であった。「権利と抗議の宣言」の草稿はアダムズの手による。「権利と抗議の宣言」の中でアダムズは、イギリス議会による北アメリカ植民地への課税や懲罰諸法が「違法であり無効である」ことを訴えている（see → 110頁、巻末史料5[-13]）。

9月17日に大陸会議がマサチューセッツ植民地のサフォーク郡 Suffolk County

で採択された懲罰諸法に反対する決議、いわゆるサフォーク決議 Suffolk Resolves を採択した時にアダムズは日記に「私の人生の中で最も幸福な日々の中の1日である。大陸会議で我々は崇高な意見を交わし雄々しい弁舌を行った。アメリカがマサチューセッツを支援するか、もしくはそれと運命をともにするつもりであると私は確信した」と記している。当初、第1回大陸会議に期待を寄せていたアダムズであったが、大陸会議はその他に特に際立った政策を打ち出さなかった。そうした方針はアダムズにとって満足のいくものではなかったが、10月26日の会期の終わりに際して「世界でこのような場所を私が再び見ることはできそうにもない」と記している。

「ノヴァングラス」の執筆

ブレインツリーにいったん帰った後、11月28日にアダムズはボストンの植民地議会に赴いた。この頃のアダムズの考えは「ノヴァングラス Novangelus [ニュー・イングランド人の意]」によく表れている。1775年1月から4月にかけて『ボストン・ガゼット紙』に掲載された「ノヴァングラス」は、イギリス議会を支持する「マサチューセッツ人 Massachusettensis」への返答という形で書かれた。

アダムズは、新大陸という自然状態の環境に建設された北アメリカ植民地は独自に運命を決定する権利を持ち、「この地域の愛国者達は新しいものを何も望んでおらず、ただ古い特権を守ろうとしているだけである」と主張した。さらに、イギリス外務省の腐敗を非難しただけではなく、イギリスの国制について体系的に論じ、アメリカが一方的にイギリス議会の支配下に置かれることは不当であることを歴史的に論証した(see → 111頁、巻末史料5[-14])。

この「ノヴァングラス」は、後にオランダで、改革派の指導者達の求めに応じて出版されている。またそれに加えてアダムズは1780年に『アメリカにおける革命に関する興味深い主題についての26の書簡集 Twenty-Six Letters upon Interesting Subjects Respecting the Revolution in America』を出版している。こうした業績からアダムズはオランダ人から「アメリカのソロン」と呼ばれることになった。

第2回大陸会議

ワシントンを大陸軍総司令官に推薦

1775年5月、アダムズは熱病で遅れたものの、第2回大陸会議に再びマサチューセッツ植民地代表の1人として参加した。この会議の意義を「これだけ多くの偉大な目標を持った会議は今までになかった。諸地方や諸国、諸帝国など我々の前では小

第2回大陸会議でのジョン・アダムズ（左端）

さなものに思えた」とアダムズは語っている。

会議は、4月19日にレキシントン＝コンコードの戦いが起こっていたために、前年よりも緊迫した雰囲気に包まれていた。アダムズはボストン周辺に展開するニュー・イングランド各植民地の民兵隊約1万6,000人を大陸会議の統率と管理の下に置くことを強く主張した。アダムズはイギリス軍のボストン占領を終わらせなければならないと考えていたのである（see → 111 頁、巻末史料 5-15）。

さらに6月15日、アダムズは、「将校としての技能と経験、自活するのに十分な資産、偉大な才能、そして素晴らしく諸事に通じた性質を持つ紳士は、この国のどんな人物よりも、全アメリカの称賛をほしいままにし、全植民地の尽力を1つにまとめあげる」と演説し、ワシントン George Washington（1732.2.22-1799.12.14）の大陸軍総司令官選出の立役者になった。6月17日にアビゲイルに宛てた手紙の中で、アダムズは「大陸会議は、慎み深く高徳、親しみやすく思いやりがあり、勇敢なジョージ・ワシントン氏をアメリカ軍の将軍に選出しました。ワシントンは、ボストンの前に布陣する陣営を迅速に立て直すでしょう。この任命は、国の連帯を固め保つのに大きな効果をもたらすでしょう」と語っている。

しかし、事態ここに至っても、依然としてイギリスとの和解を希望するジョン・ディキンソン John Dickinson（1732.11.8-1808.2.14）達の主張は衰えなかった。7月8日、彼らはオリーヴ・ブランチ請願 Olive Branch Petition を決議した。請願はイギリス国王に送られたが、完全に拒絶された。アダムズはこうした請願をまったく無駄であると考え、ディキンソンに反感を抱いていた。急進派と見なされていたアダムズは多くの重要な委員会から遠ざけられた（see → 112 頁、巻末史料 5-16）。

それに臆することもなくアダムズはリウマチと悪疾の風邪に悩まされながらも毎日12時間から14時間も働き続けた。午前7時から午前10時まで委員会に出席した後、今度は総会に午後遅くまで出席し、また午後6時から午後10時まで委員会に取って

返すという働き振りであった。渡欧のために大陸会議を離れるまでにアダムズは90以上の委員会に携わり、25の委員会で委員長を務めた。「大陸会議は嬉々として、私の能力以上に仕事を与えている」と語っているように、アダムズは他の誰よりも多くの委員会に参加し、大陸会議のメンバーの中で重要な役割を果たすようになった。アダムズが政府の成り立ちや法律に精通している点が買われたのである（see → 113・114頁、巻末史料5^{-17}・5^{-18}・5^{-19}）。

非常に早い時期からアダムズはイギリスからの独立を考えていた（see → 114頁、巻末史料5^{-20}）。それだけではなく、フランス及びスペインとの同盟、憲法を起草し全植民地に責任を負う政府を樹立すること（see → 114頁、巻末史料5^{-21}）、海軍の創立を構想していた。特に海軍の創立については、10月30日に委員の1人として任命された海軍委員会 Naval Committee で、大陸海軍規定 Rules for the Regulations of Navy of United Colonies を起草している。全植民地に責任を負う政府についても、戦争終結後の政府を構想する委員会の一員に選ばれている。アダムズは選挙の重要性について妻アビゲイルに宛てた手紙の中で、「年ごとの選挙が終わりを迎えれば、隷属が始まる」と記している。アダムズは12月初旬に休暇を取ってマサチューセッツに戻った。アダムズはマサチューセッツ植民地最高裁長官への就任を打診された。もし大陸会議が完全に終了すれば引き受けるとアダムズは回答した。

『政府論』の執筆

アダムズがマサチューセッツに戻った頃、トマス・ペイン Thomas Paine (1737. 1. 29-1809. 6. 8) による『コモン・センス Common Sense』が世を賑わしていた。『コモン・センス』ほどはっきりと本国イギリスとの決別を宣言した書物はこれまでになかった。アダムズは『コモン・センス』の影響力は認めたものの、独立後にどのような国家を建設するかという視点を欠いていると批評している。

独立の必要性が大陸会議で論じられた後、代表達の中には旧制度からのように新制度を生み出すべきか悩む者がいた。ジョージ・ウィス George Wythe (1726-1806. 6. 8) の求めに応じてアダムズは政府の構成に関する自分の考え方を手紙に書いて返答した。それをリチャード・リー Richard Henry Lee (1732. 1. 20-1794. 6. 19) が許可を得てパンフレットの形で出版したのである。トマス・ペインは『コモン・センス』の中で直接民主制と一院制を示唆しているが、アダムズはそうした政治形態を危険なものと見なし、『コモン・センス』に対抗する形で『政府論』を発表することにしたのである（see → 115頁、巻末史料5^{-22}）。

『政府論』は、政府は万人の幸福を実現するために存在するという理念の下、どのような政体がその目的を実現し得るのかという問題を追究している。アダムズは「人間は危険な生物」であるので、「人間ではなく法の支配」に基づく共和政体こそ最も優れた政体であると主張した。そうした考えは早くからアダムズの脳裏にあった。1772年春の「ブレインツリーでの演説のための覚書 Notes for an Oration at Braintree, Massachusetts」の中で「すべての人間に迫る危険がある。自由政府の唯一の原理は、人民の自由を危険にさらすような権力を生きた人間に信託しないことである」とアダムズは記している。この言葉はクインジーにあるアダムズの像に刻まれている。

さらにアダムズは「その政府が一院制であれば、国民は長らく自由でいることはできないし、ずっと幸福でいることもできない」と一院制に対して反対を唱えている。『政府論』は古代から当代に至るまでさまざまな政府を論じた事例集であり、多くの政治家が邦憲法案や後の合衆国憲法案を構想する際に参考にした（see→116頁、巻末史料5^{-23}）。その一方でアダムズは選挙権については保守的な考えを持っていた。つまり、選挙権はある程度の財産を持つ成人男子に限るという考えである。

『政府論』を発表した後、1776年2月9日、アダムズは大陸会議に戻った。そして、軍需品を整える案を大陸会議に提議した。その提議は2月23日に採択された。またアダムズは大陸会議に諸植民地に産業振興を呼びかける2つの決議も提案している。3月21日、大陸会議はそうした4つの決議の中で3つの決議を採択した（see→116頁、巻末史料5^{-24}）。産業振興策については、少なくとも1763年の新聞への投稿でその萌芽が見られる。

米英関係は悪化の一途をたどり、1776年5月10日、大陸会議は諸植民地に「構成員とアメリカの幸福と安全のために最善を尽くす政府を採択する」ように通告を出すことを決議した。さらに5月15日にアダムズの手によって、あらゆるイギリスの権力を停止する旨を闡明した前書きが付け加えられた。アダムズにとってはそれが独立そのものであった。

独立宣言の起草に協力

1776年6月7日、ヴァージニア代表がヴァージニア革命協議会からの指示に従って独立決議 Resolution for Independence（see→117頁、巻末史料5^{-25}）を提出した際に、アダムズは賛同の意を示した。9日、アダムズは「いまだ生まれていない数百万の者達の生命と自由が直接関わっている最も重大で措置が必要な目標が我々の

独立宣言の起草に携わるジョン・アダムズ（中央）

前にある。我々は革命の最中にあり、諸国の歴史の中で最も完全で空前絶後の革命なのだ」と記している。11日、独立宣言を準備する委員会と諸外国と締結する条約を準備する委員会が設立された。アダムズは両方の委員に選ばれ、独立宣言の起草に深く関与した。アダムズはいち早く独立宣言が必要であると考えていた（see→117頁、巻末史料5^{-26}・5^{-27}）。

アダムズによると、ジェファソン Thomas Jefferson（1743. 4. 13-1826. 7. 4）はアダムズが独立宣言を起草するように提案し、委員会の議事録を手渡そうとしたという。それに対してアダムズはジェファソンが起草すべきだと言った。そして、ジェファソンがその理由を問い質すと、アダムズは4つの理由を挙げた。つまり、ジェファソンがヴァージニア人であること、南部人であること、アダムズよりも議会で受ける反感が少なくて済むこと、卓越した文才を持つことの4つである（see→118頁、巻末史料5^{-28}）。

アダムズは、植民地間の政治バランスを考慮してジェファソンに起草を行うように強く勧めたと考えられる。それから1日か2日経った後、ジェファソンはアダムズに草稿を渡した。アダムズはジェファソンの草稿について以下のように回想している。

「私はそれを満たしている高い調子と言葉の流れ、特に黒人奴隷に関して満足し、南部の同胞が決して大陸会議でそれを通そうとしないだろうと分かっていたが、私はそれに反対しなかった。もし私が起草していれば、挿入しなかったと思われる表現、特に国王を暴君と呼ぶような表現があった。私はその表現が過激だと思い、厳粛な文書にとって口やかましい感じがするのではないかと思った。しかし、フランクリンとシャーマンがそれを精査した後で、削除するとい

う考えは私にはなかった。私はそれを報告することに同意したが、今となっては私が変更を示唆したかどうか覚えていない」

こうして委員会による推敲を経て独立宣言は大陸会議に提出された。アダムズが自らの手で草稿を書き写して送ったので、妻アビゲイルはアダムズ自身が独立宣言を起草したのかと勘違いした。後年、アダムズは独立宣言について、「独立宣言はわざとらしい見世物のようなものだったと私はずっと思ってきた。ジェファソンはそのすべての舞台効果、つまり栄誉のすべてを持ち逃げしてしまった」と語っている。

大陸会議で行われた独立宣言をめぐる激しい議論の中でアダムズは、独立宣言を擁護する主導的な役割を果たした。ジェファソンが演説に消極的であったためである。後にこの時の様子を回想してジェファソンはアダムズを「[独立宣言をめぐる]議論における巨人」と呼び、「独立宣言が直面した多種多様の攻撃に対抗した最も有能な提唱者にして擁護者」と称賛している。また他の代表もアダムズを「アメリカ独立における巨人」と称している（see → 119頁、巻末史料 5^{-29}・5^{-30}・5^{-31}）。

独立宣言に名を連ねた者の中で、後に大統領となった者はアダムズとジェファソンの2人のみである。ジェファソンは大陸会議が独立宣言を採択するにあたってアダムズが及ぼした影響力を「アダムズ氏の演説は、思想と表現において、我々を席から動かしめるほどに力強かった」と評価している。

模範条約の起草

ジェファソンが独立宣言を起草していた一方、アダムズは条約起草委員会 Committee of Treaties の長として模範条約 Plan of Treaties を起草していた。模範条約を起草するにあたってアダムズは、イギリスの条約や通商法、1713年の英仏貿易協定などを参考にした。模範条約は、アメリカが他の主権国家と外交関係を結ぶ際の基本となる事項を取り扱った最初の公的文書である。ジョン・アダムズの関連文書を編纂したロバート・テイラー Robert J. Taylor は、「模範条約は、革命の緊急事態を越えて、アメリカの外交政策の形成者を導くものとなった。実際に、模範条約が基づいている論調と原理は、当時から少なくとも第2次世界大戦の開始まで、アメリカの政治家によるほとんどすべての外交政策に関する声明の中核を成している」と評している。

模範条約は9月に大陸会議によって採択され、フランスとの通商協定、そして、それ以降の25年間に結ばれたすべての条約の基盤となった（see → 119頁、巻末史料 5^{-32}）。またフランスへ旅立つ使節のための信任状もアダムズが起草した。

その他にもアダムズは国璽の図案も提案している。アダムズが提案した図案は、「ヘラクレスの選択の図案 Choice of Hercules［安逸を避け苦難に立ち向かうこと］」である。険しい山と逸楽の路のどちらを選ぶか考えるヘラクレスの姿が描かれていた。残念ながらアダムズが提案した図案は採用されなかった。

戦争・軍需品局長

1776年6月13日、大陸会議はアダムズを戦争・軍需品局長に任命した。戦争・軍需品局は、軍内人事、徴募、編成、戦費出納、配給など非常に多岐にわたる雑務を担当する部署で、その一からの組織化はアダムズの双肩にかかっていた。アダムズはアビゲイルに「士官達はマスチフのように次から次へとうるさくせがみ、猿が木の実を奪い合うように階位や給与を奪い合う」と不満を述べている。さらにジェファソンに宛てて「我々の今の最悪の敵は貧困です。わが国の通貨の価値を引き上げ、物価を下げられればよいのにと思います」と書いているように、慢性的なインフレも悩みの種であった。

戦争・軍需品局はしばしば大陸軍に指令を下したが、それはほとんど現場を混乱させただけであり、大局的な戦略など望むべくもなかった。アダムズは軍隊を指揮した経験がまったくなく、さらに軍に長い間、大きな権限を与えることを恐れていたので指揮系統の混乱がもたらす弊害を省みなかったのであろう。また長期の兵役期間の設定を求めるワシントンに対してアダムズは短期の兵役期間のみが可能であると考えていた。「私は［ワシントンの］良い資質を認めているが、大陸会議では私自身のほうが優っているように思う」とアダムズは記している。こうした不遇な状況でアダムズは妻に宛てた手紙の中で、「私が国のために被っている苦痛をわが国は知らないし、決して知ることはできない」と述べている。

とはいえ戦争・軍需品局は一定の成果を収めている。例えば戦争・軍需品局は大陸会議に、兵役に就く者に20ドルの報奨金と100エーカー（約40ヘクタール）の土地を与えるように勧告している。9月16日、大陸会議はその勧告を受け入れている。そして9月20日、イギリスの軍規に倣って新たな軍規が定められた。ワシントンの希望通り、刑罰が厳罰化された。さらに10月1日、アダムズは軍学校の創設を提案している。それは戦争中に実現することはなかったが、そうした種の初めての提言であった。その一方で、戦争・軍需品局は、イギリス軍がボストンの次にニュー・ヨークを攻撃するというワシントンの警告を受け入れなかった。

リチャード・ハウ提督との会談

ワシントンの読み通り、イギリス軍はニュー・ヨークに上陸し、ロング・アイランドの戦い Battle of Long Island でアメリカ軍を破った。ニュー・ヨークの情勢に絶望したアダムズは、「もし我々が勝利に値するのであれば神は我々に勝利を授けるだろうが、もしそうでないのであれば敗北の下で耐忍、屈辱、そして堅忍があるだろう」と語っている。

9月3日、ロング・アイランドの戦いで捕虜になっていたジョン・サリヴァン John Sullivan（1740. 2. 17-1795. 1. 23）将軍がリチャード・ハウ Richard Howe（1726. 3. 8-1799. 8. 5）提督からの和平会談の提案を携えて大陸会議に現れ演説を行った。アダムズはサリヴァンの演説を独立を断念させるものだと強く非難した。4日の討議の後、大陸会議はハウ提督のもとに使節を送ることを決定した。依然としてアダムズはそれがハウ提督の策略であると反対を続けていたが、最終的に使節の1人としてスタテン・アイランド Staten Island に赴くことに同意した。アダムズの他にはベンジャミン・フランクリン Benjamin Franklin（1706. 1. 17-1790. 4. 17）、エドワード・ラトレッジ Edward Rutledge（1749. 11.23-1800. 1. 23）の2人が使節に選任された。

9月9日、フィラデルフィアを出発した一行は、ワシントンのもとへ馳せ参じる兵士達を横目に見ながら進んだ。2日間の旅の中で、ニュー・ブランズウィック New Brunswick では宿屋が満室でアダムズとフランクリンは小さな窓が1つしかない狭い部屋でベッドを共有しなければならなかった。夜気が入らないようにアダムズが窓を閉めようとすると、フランクリンが窓を開けておくようにと言って、新鮮な空気がもたらす利点を論じた。アダムズはフランクリンの持論は自らの経験に合わないとしながらも結局、フランクリンの言葉に従って窓を開けたままで眠りについたという。

9月11日朝、使節団はパース・アンボイ Perth Amboy でハウ提督から派遣された士官に出会った。士官は使節団の身の安全を保障するために自ら人質となってパース・アンボイに残ると申し出たが、アダムズはその必要はないと考え、フランクリンにそう伝えた。そのため士官はそのまま使節団に随行してスタテン・アイランドに渡った。ハウ提督はスタテン・アイランドの南西にあるビロップズ・ポイント Billopp's Point で一行を出迎えた。

一行はビロップズ邸 Billopp House に入って会談を開始した。会談の様子はハウ提督の書記であるヘンリー・ストレイチー Henry Strachey が記録している。ハウ

提督は本国と植民地の双方にとって名誉ある形で和解を図り、独立を撤回するように求めた。そして、国王の認可を得ていない機関である大陸会議と交渉することはできないと告げた。それに対してアダムズは、独立への信念を強く示して応じた。3時間近くにおよんだ会談で、ハウ提督は、もし過ちがあるならば国王と内閣は過ちを正すように努めるだろうと示唆するだけであった。ハウには降伏と休戦を受諾する権限しかなかったからである。結局、会談は何も実を結ばなかった。

連合規約をめぐる討論

1776年6月11日、大陸会議は連合規約 Articles of Confederation を作成することを決定した。アダムズは連合規約の必要性をそれ以前から認識していた（see→**120頁、巻末史料5**$^{-33}$）。そして、7月12日、連合規約は大陸会議に提議された。討議を経た後、大陸会議が連合規約を承認し、各邦に送達したのは翌1777年11月15日である。アダムズは連合規約を作成する委員ではなかったが、7月30日から8月1日の3日間にわたって全体討論に参加し熱弁をふるっている。

連合規約の条項の中でも下記の2つの点が激しい論議の的になった。まずは、各邦が拠出する負担金の割り当て方法であった。負担金を各邦の住民の数によって割り当てる方法が提案された。その際に黒人奴隷をどのように数えるかが問題となった。例えば、白人のみを住民として数えるべきだという意見があった。一方で、住民の数ではなく土地価格総額に基づいて割り当てを決めるべきだという意見があった。アダムズは、そうした意見に対して、住民の数は資産総額を反映するものであり、白人も黒人も問わずに住民として数えるべきだと主張した。最終的には、土地価格総額による割り当て方式が採用された。

次に問題になった点は、表決を行う際に各邦に1票を与えるか、それとも人口に応じて票を与えるかという問題である。アダムズは、人口が多い邦も少ない邦もあるので、当然、人口に応じて票を与えるべきだと主張している。アダムズは、単に出身地であるマサチューセッツの人口が多いから各邦に1票を与える方式に反対を唱えたわけではなく、後の連邦主義の萌芽とも取れる考えを示している。ジェファソンの記録によれば、アダムズは「連合は我々を1つの単体にするためにある。それは、我々を金属の個々の分子のように1つの塊に変える。我々はもはや個々の独立性を保持しないだけではなく、連合に提議されるすべての問題に関して単体となるだろう」と述べたという。アダムズの熱弁にもかかわらず、最終的には各邦に1票を与える方式が採用された（see→**120頁、巻末史料5**$^{-34}$）。

1776年10月31日、アダムズはフィラデルフィアを離れてマサチューセッツに戻った。アダムズがボルティモアで開催された大陸会議に戻ったのは翌1777年2月1日である。大陸会議とともにフィラデルフィアに移ったアダムズは多くの委員会に関与したが疲弊と望郷の念が募っていたために以前のような活躍は見せなかった。アダムズが参加した主な委員会は、タイコンデローガ砦 Fort Ticonderoga の撤退、サラトガ Saratoga の戦後処理、上訴審理などに関わる委員会である。その他にも通貨、物価統制、フランスからの借款などの討議に参加している。ジェファソンが個人的な理由で会議に戻らないと知ったアダムズは、ジェファソンに次のように書き送っている。

> 「我々はあなたの勤勉さと能力をここで非常に欲しています。あなたが家庭生活の楽しみに戻る言い訳が十分にできるほど、祖国は安全ではないのです。しかし、私の心の裡からすれば、私はあなたを責めることはできません」

1777年9月19日未明、イギリス軍から逃れるために大陸会議はヨーク York への移転を開始した。その1週間後、フィラデルフィアはイギリス軍の手に落ちた。絶望したアダムズは日記に、「ああ、神よ。我々に1人の偉大な人物を授けたまえ。1人の指導的な人物こそ待ち受けているかもしれない破滅から我々を救い出してくれるだろうに」と記している。さらにワシントンの指揮能力にも懐疑的になり、「彼を神、もしくは救世主と思わずとも、ある市民が賢明であり、美徳があり、そして善良であると今や我々は認めることができます」と妻アビゲイルに宛てて書いている。

最後の事件

1777年11月11日、大陸会議を去ったアダムズは11月下旬に帰省して2週間ほど休養した後、自身の経済状態を改善しようと弁護士業を一時期再開していた (see → 120頁、巻末史料5^{-35})。しかし、渡欧を命じられたために弁護士業は断念せざるを得なくなり、ルーザンナ号 Lusanna 事件が最後に取り扱った事件となった。この事件は、マサチューセッツ邦のルーザンナ号が、敵と交易を行ったという理由でニュー・ハンプシャー邦の私掠船に拿捕された事件である。アダムズは、大陸会議の決議の下、ルーザンナ号の船主の弁護を務めたが敗訴した。アダムズは敗訴したものの、この事件は邦と大陸会議の関係を考え直す契機を与えた。

使節団員として渡欧

最初の渡欧

1777年11月27日、大陸会議はサイラス・ディーン Silas Deane（1737. 12. 24-1789. 9. 23）の後任としてアダムズを米仏同盟締結交渉にあたる使節団の1人に指名した。それは、アダムズの活躍を目の当たりにしていた大陸会議が、すでに始まっていた米仏同盟締結交渉を促進させるにあたってアダムズこそ最適の人物だと判断したからである。とはいえ、アダムズは、当時、外交官にとって必須であったフランス語を話すことができなかったし、外交官の経験もなかった。そもそも外交官の経験については、アダムズと同じく、議会の誰もがまったく経験を持っていなかった。フランス語を習得するためにアダムズは、大西洋を横断する船中でモリエール Molière（1622. 1. 15?-1673. 2. 17）の英仏対訳『招待主 Amphitryon』を読み、パリに着いてからは台本を片手に観劇したという。任命の報せが届いた時、アダムズは弁護士業のためにポーツマス Portsmouth に出かけていた。12月22日に自宅に戻ったアダムズは大陸会議議長に宛ててすぐに受諾の返答を書いた。妻アビゲイルを伴うかが問題となったが、ブレインツリーの家を維持するために、そして、海上で拿捕される危険性もあったために、結局、アビゲイルは残ることになった。

翌1778年2月17日、アダムズは長男ジョン・クインジーと1人の召使を伴い、フランスに向けて母国を発った。密偵の目をごまかすために、ボストンからではなく人気が無いホウズ・ネック Hough's Neck で秘密裡に乗船した。弁護士業の顧客にも知らせず、家族の一員でさえもアダムズが出発するまでそれと気が付かなかったという。

21日から23日にわたって遭遇した嵐の中、落雷で乗船が損傷したり、3月10日にイギリス商船と交戦したり、信号弾の暴発で死傷者が出たりしたものの、航海はおおむね順調であった（see → 120頁、巻末史料5^{-36}）。イギリス商船と交戦した時は自らマスケット銃を持って発砲している。3月30日、アダムズ親子が乗った船はジロンド川 Gironde River の河口に入り、ボルドー Bordeaux に向かった。アダムズは日記に「ヨーロッパよ、汝は芸術、科学、商業、戦争の大いなる舞台、私は遂に汝の領域を訪れ得た」と記している。ボルドーに上陸したアダムズは盛大な歓迎を受け、初めてオペラを鑑賞した。市民の中にはアダムズがかの有名なサミュエル・アダムズではないと知って落胆する者もあったという。実はアダムズがヨーロッパの岸を

踏む以前に米仏同盟はすでに成立していたので、締結交渉を促進するというアダムズの使命は失われていた。オルレアン Orleans を経て4月8日9時頃、アダムズ親子はパリに到着した。

ルイ 16 世とマリー・アントワネットに謁見

1778 年 5 月 8 日、アダムズはすでにフランスに着任していたフランクリンやアーサー・リー Arthur Lee（1740. 12. 20-1792. 12. 12）達とともにルイ 16 世 Louis XVI（1754. 8. 23-1793. 1. 21）と王妃マリー・アントワネット Marie Antoinette（1755. 11. 2-1793. 10. 16）に謁見した（see → 120 頁、巻末史料 5^{-37}）。フランス国王の印象をアダムズは「善良で純心」な容貌をしていると述べている。ルイ 16 世は外相からアダムズがフランス語を話せないと聞くと「一言も」と言ったという。

ルイ 16 世やマリー・アントワネットの他にアダムズは劇場で偶然、ヴォルテールを目撃している。その時の印象をアダムズは「彼は非常に年をとっていて、死者のように青ざめ、深い皺が刻まれた顔をしていたけれども」、その瞳は「活き活きと輝いていた」と記している。

ヨーロッパを初めて訪れたアダムズは他の多くのアメリカ人がそうであったように、西欧の文化と芸術の素晴らしさに感動した。例えば 1778 年 4 月 12 日に妻アビゲイルに送った手紙の中で「フランスの満足のいく点は無数にあります。礼儀、優美さ、柔軟性、繊細さは際立っています。つまり、私は厳格で横柄な共和主義者ですが、人を喜ばせようとして素直に励むフランスの人々を愛さざるを得ません。この国、特にパリとヴェルサイユの様子を書き記そうとするのは馬鹿馬鹿しいくらいです。パリとヴェルサイユは公共の建物や庭園、絵画、彫像、建築、音楽で満ち溢れています。賛美にして壮大、そして華麗なることは筆舌に尽くし難い」と賞賛している。しかし、手放しでヨーロッパを賛美したのではなく、贅沢品の生産や社会の腐敗はアメリカを自由で徳の高い共和国として長く存続させる妨げになると考えていた。アダムズは「すべての時代と国でより華美になればより美徳が失われると思わざるを得ない」と述べている。(see → 121 頁、巻末史料 5^{-38}・5^{-39})。

1778 年 12 月、アダムズはフランス外相に宛てて、さらなるフランス海軍の協力が必要であることを訴える手紙を起草した。フランクリンもそれに目を通し、使節団全員の連署で手紙が外相に送られた。しかし、外相は何の返答もしなかった。

一時帰国

1779 年 1 月、ラファイエット侯爵 Marie-Joseph-Paul-Yves-Roch-Gilbert du

Motier, Marquis de Lafayette（1757.9.6-1834.5.20）がボストンからフランスに到着し、フランクリン1人を代表とするという大陸会議の意向を伝えた。これはアダムズにとって侮辱と感じられることであった。なぜならアダムズには召還命令も新たな任務も与えられなかったからである。アダムズは日記に「私の性質には苛立ちと憂鬱がある。時間のみが私に名声をもたらすだろう」と記している。

アダムズが「私の2人の同僚は何においても同意することはない」と記しているように、フランスに派遣されていた3人はお互いに協同歩調をうまく取れなかったからである。「ここには私の信頼に足る人物がいない」とさえアダムズは述べている。これまで度々、一緒に仕事をする機会があったフランクリンをアダムズはかねてより尊敬していたが、この頃からフランクリンの実務能力に疑念を抱くようになった。また会計処理についても問題があると思っていた。このような経緯から、アダムズは自分がヨーロッパに滞在する必要がないと感じるようになり、サミュエル・アダムズにこれ以上、フランスに滞在したくないと述べている。またアダムズはフランス軍のアメリカ遠征に否定的であり、「イギリスの鎖から逃れようと苦闘している時に、フランスの鎖に自ら身を縛るくらいであれば私は海に沈められたほうがましだ」と記している。

大陸会議からの正式な通知を受けてからアダムズは、長男とともにナント Nantes に向かって帰国の船出を待った。3月22日、親子は出航しようとしたが、駐米フランス公使に随伴するために船出することができず、6月17日になってようやくロリアン Lorient から船出することができた（see → 121 頁、巻末史料 5[-40]）。

マサチューセッツ邦憲法制定会議

1779年8月2日、ブレインツリーで家族と再会したアダムズは、その7日後、マサチューセッツ邦憲法制定会議のブレインツリー代表に選出された（see → 121 頁、巻末史料 5[-41]）。9月1日、アダムズはケンブリッジに向けて発った。制定会議の会場には250人の代表がいた。そこでアダムズは憲法案の起草委員会の一員に選ばれた。9月13日にボストンで会合が開かれ、さらにアダムズは起草の中心となる小委員会の一員に選ばれた。この時、制定された1780年のマサチューセッツ邦憲法 Massachusetts Constitution of 1780 はアダムズの手による。おそらく1779年10月の初旬に起草されたと考えられ、制定会議の審議のために10月末に印刷された。

アダムズは憲法草案を邦憲法制定会議に提出した後、和平交渉について協議するた

めに大陸議会に召還されたので、最終決議には参加することはできなかった。しかし、アダムズの憲法草案は若干の修正を除いて受け入れられた。最も大きな修正を受けた部分は信教の自由に関する条項である。また言論の自由に関する条項も削除され、さらに知事の絶対拒否権は議会がそれを覆すことができるように改められた。アダムズは邦憲法の前文で次のように社会契約論を展開している。

> 「政府を組織し、運営し、維持する目的は、邦民一般の生存を保障し、邦民一般を保護し、そして、邦民一般を構成する個々人に自然権やこの世における祝福を享受できる力を、安全かつ平穏に与えることである。こうした偉大な目的が達成できない時はいつでも、人々は政府を革め、彼らの安全、幸福、そして財産のために必要な措置を取る権利を有する」

そして、教育の普及が共和制を保持するために不可欠であると次のように述べている。

> 「美徳と同じく、人々の間にあまねく行き渡った叡智と知識は、彼らの権利と自由を守るために必要であり、そして、それらは教育の効果と機会を邦のさまざまな場所に、異なる階層の人々の間に普及させるかどうかにかかっている。文芸と科学、そしてそれらを教えるすべての学校の利益を大事にすることは立法と行政の義務である」

さらに教育を普及させるために、「ケンブリッジにある大学（ハーヴァード・カレッジ）」や町にある学校を支援すべきだと説いている。また邦政府は、「農業、芸術、科学、商業、交易、製造業、そして地方の自然史を促進するための助成と免除」を与えるべきだとも説いている。

アダムズは邦憲法案で、二院制の立法府、強力な行政府、独立した司法府を提唱した。さらに、一定以上の財産を持つ21歳以上の男性による投票で上院議員を選出する方法を提案している。財産規定はそれほど厳しい条件ではなかった。上院議員の任期は1年間であった。また下院議員は150人の選挙民を基準に各地区に議席が割り当てられた。下院議員の任期は上院議員と同じく1年間に定められた。知事も1年ごとに選出された。他の邦憲法と大きく異なる点は、知事の権限が大きい点である。三権の均衡をはかるためにアダムズは、立法府に対する絶対的な拒否権を知事に認めている。それについてアダムズは、「行政府は、［中略］立法府が自由の擁護者であるのと同じく、叡智の擁護者となるべきです。［拒否権という］防衛するための武器がなければ、猟犬の前の野兎のように知事は倒されてしまうでしょう」と述べている。

その他の点で特徴的な点は、「質素倹約」や「勤勉」だけではなく、「ユーモア good humor」を市民の間に普及させることを勧めた点である。それは、日常生活を大らかに楽しんでおくることを意味している。また「共同体の利益に反するような利益や特別扱いや排他的特権を得るような称号を何人たりとも、どのような団体の者であろうと得てはならない」と述べている。アダムズはマサチューセッツ邦憲法について「マサチューセッツ邦憲法の承認に私は大いに満足しています。もし人民が政府を樹立した時と同じく支配者を選ぶ際に賢明で正直であれば、彼らは幸福であり、私は子ども達の将来の見通しに安心して死ぬことができるでしょう」と友人に語っている。

マサチューセッツ邦憲法について、ロナルド・ピーターズ Ronald M. Peters, Jr. は「公平な評価に基づけば、独立宣言、合衆国憲法、権利章典、そしてフェデラリストと並んで独立革命期の5つの重大な文書の1つとして座を占めるのに、ほぼ間違いなく値するだろう」と評価している。ちなみに「すべて人はうまれながらにして自由で平等である All men are born free and equal」という有名な文句は、合衆国憲法にも独立宣言にも含まれておらず、アダムズが起草したマサチューセッツ邦憲法に含まれている言葉である。またマサチューセッツ邦憲法は世界でも最も古い現役の成文憲法である。

使節団員として再び渡欧

再びパリへ

邦憲法を起草する傍ら、アダムズは大陸会議にアメリカの国益に影響を与えるヨーロッパ列強の動向を報告していた。大陸会議は、帰国して席を暖める暇も与えず、1779年9月25日、アダムズにジョン・ジェイ John Jay（1745. 12. 12-1829. 5. 17）とともにフランスと講和条約を協議する任を与えた。翌日、大陸会議はさらに両者をスペインとの条約締結交渉の担当に指名した。最終的にアダムズはフランスに、ジェイはスペインに派遣されることになった。さらにアダムズは、イギリスとの通商条約締結の任も委ねられた。

1779年11月13日、アダムズは長男ジョン・クインジーと次男チャールズを伴いフランスに向けて出発した。イギリス海軍の戦艦に追われたために規定の海路から外れ、さらに嵐による船の浸水のために海上の旅は遅れた。12月18日、船はポルトガル北西部のフェロル Ferrol に到着した。アダムズ親子はそこからピレネー山脈を越

え、バイヨンヌ Bayonne を経て、1780年2月9日、ようやくパリに到着した。約1,000マイル（約1,600キロメートル）にも及ぶ道程であった。当初、アダムズは30日以下でパリに到達すると考えていたが、思ったより道は厳しかった。「我々は道すがら道路を行く旅行者ではなくまるで病院にいるのがふさわしいくらいに咳き込み、鼻をかんだ」と記している。また途中、通過したスペインについてアダムズは、「教会の他に富は何も見当たらず、聖職者の他に太っている者はいない」と記している（see → 122頁、巻末史料5-42)。

3月7日、アダムズは再びフランス国王に謁見した。パリでのアダムズの境地は不遇であった。講和通商条約締結交渉が開始されるまでアダムズは待機しなければならなかったが、ともに交渉にあたるはずのフランス外相と折り合いが悪かった。フランス外相シャルル・ヴェルジェンヌ Charles Gravier, Comte de Vergennes (1717.12.20-1787.2.13) は、フランス人が所有するアメリカの負債を下落前の価値で買い取るように求めたが、アダムズがそれを断ったことが契機である。アダムズはアメリカとフランスは対等の同盟国であり、相互に利益がなければならないと主張した。そうしたアダムズの姿勢はヴェルジェンヌの怒りをかうことになった。ヴェルジェンヌは、アダムズに与えられた権限を駐米フランス公使から直接確認するという名目でアダムズをパリに留め置くだけで交渉を積極的に進めようとしなかった。また米仏が協力してイギリス軍の補給を脅かすために植民地の諸港を封鎖するようにアダムズが提言した時、ヴェルジェンヌは、フランス軍の指揮官とワシントンが詳細を協議するだろうと答えるにとどめ明言を避けた。

アダムズを邪魔者だと考えていたヴェルジェンヌは大陸会議にフランクリンのみをアメリカの公使と認める旨を告げている。それに加えてフランクリンは大陸会議にアダムズを罷免するように要請した。一方、アダムズはフランスがアメリカの国益を損なおうとしていると書簡で警告した。アダムズの支持者は大陸会議でそうした書簡を取り上げてフランスを非難した。それを知った駐米フランス公使はアダムズを講和交渉から外すように求めた。結局、大陸会議はアダムズを召還することはなかったが、妥協案として新たに使節を任命した。

駐蘭アメリカ公使

こうした状況に失望したアダムズは、1780年7月27日、イギリスとの関係が悪化していたオランダから借款を得るためにパリからオランダに向けて出発した。大陸会議から正式な訓令を受け取るまでアダムズは公使代理として活動した。9月16日に

ようやく大陸会議からオランダからの借款を認める通知が届き、さらに本来、着任するはずであった公使がイギリスに拘留されたために、アダムズは12月29日に正式な公使として認められた（see → 122 頁、巻末史料 5[-43]）。

アダムズの外交努力はなかなか実を結ばず、オランダはイギリスとの通商関係を損なうのを恐れてアメリカの独立を認めようとさえしなかった。1781年4月19日、アダムズは「総督夫妻に捧げる覚書 A Memorial to Their High Mightinesses」を完成させ、オランダ人の独立闘争とアメリカ人の独立革命をあわせて論じ、アメリカと早期に緊密な通商関係を結ぶことがオランダの利益となることを説いた。ニュー・ヨークとニュー・ジャージーはオランダ人によって初めて入植され、その風習がいまだに残っていると述べた。さらに両国は信仰、政府、歴史の点でも共通点があり、「この問題について知らされたすべてのオランダ人がアメリカ革命を正当で必要である」と見なすだろうと論じた。アダムズはペンの力でオランダの「長く眠っていた勇気と自由を愛する心を叩き起こす」ことで、外交を有利に運ぼうと考えたのである（see → 122 頁、巻末史料 5[-44]）。

オランダで交渉を進める傍ら、1781年7月、アダムズはヴェルジェンヌの召還でパリに戻り、講和条約の提案を受けた。それはロシアとオーストリアの仲介によるもので、独立を承認していないだけではなく、フランスとの同盟破棄を要求するものであった。アダムズは、まず独立の承認を取り付けるべきだと考えていたので、それは絶対に受け入れることができない条件であった。翌月、オランダに帰ったアダムズは、新たに和平交渉を行う辞令を受け取った。その一方で、イギリスとの通商条約交渉の任は解かれた。連合会議（大陸会議の後継機関）の措置への苛立ちは募り、アダムズはフィラデルフィアに戻って自ら「平和に関する白昼夢」から連合会議の目を覚まさせようと考えるほどであった。

アダムズは連合会議が1781年6月15日にイギリスとの和平交渉役にアダムズの他、フランクリン、ジェイ、ジェファソン、ヘンリー・ローレンス Henry Laurens (1724. 3. 6-1792. 12. 8) の4人を任命したことを知った。しかし、実際にはアダムズ自身の任地はオランダであり、ジェイはスペインに留まり、ローレンスは捕虜となっており、さらにジェファソンはヴァージニアから離れる様子はなく、実質的に和平交渉の任務はフランクリンのみに与えられたに等しかった。パリからオランダに戻ったアダムズは8月から10月にわたって高熱に悩まされ、昏睡が5日間も続き重篤に陥った。

病床から起き上がったアダムズは、先に与えられた辞令を覆す連合会議の指示に対して、1781年10月15日付の手紙で辞職を申し出ている。アダムズは戦争がさらに長期化すると思っていて、ヨークタウンでの敗北がすなわちイギリスの敗北を意味するわけではないと考えていた。

オランダでのアダムズの地道な努力は、1782年になってようやく報いられ始めた。2月、オランダ連邦の1州が初めてアメリカを承認した。またこの頃、アダムズはハーグにある一軒の家を購入したが、それはヨーロッパにおいてアメリカが所有する最初の在外公館となった。4月22日、アダムズはオランダ総督に謁見し、6月11日、オランダの銀行家から200万ドルの借款を取り付けることに成功した。そして、10月8日、オランダはアメリカとの通商友好条約に調印した。

1782年10月17日、ジェイから要請を受けたアダムズはパリに向かうためにオランダを離れた。ユトレヒト Utrecht、ブレダ Breda、アントワープ Antwerp などに立ち寄って、ルーベンス Peter Poul Rubens（1577.6.28-1640.5.30）の絵画を鑑賞した。それからパリ郊外にあるシャンティリー城 Chantilly にも立ち寄った。「オリーヴの枝を口、心、頭に携えて」アダムズがパリに到着したのは同月26日である。パリではすでにフランクリンとジェイによりイギリスとの和平交渉が行われていた。和平交渉に参加したアダムズは、それを「朝も昼も夜も絶え間なく続くつかみ合い」のようだと評した（see → **123頁、巻末史料5**[45]）。フランクリンが実務的ではなかったために和平交渉は主にアダムズとジェイの双肩に委ねられていた。2人は、フランスがアメリカの利益を犠牲にして和平交渉を進めようとしているのではないかと疑念を抱いていたので、フランスにほとんど諮ることなく和平交渉を進めた。和平交渉の懸案は、合衆国の境界、ミシシッピ川の航行権、負債、王党派の保護、漁業権などであった。戦前、アメリカ人がイギリス人に負っていた負債についてフランクリンとジェイは、差し押さえられたり破壊されたアメリカ人の財産と棒引きになると考えたが、アダムズは負債を誠実に履行すべきだと主張した。

1782年11月29日、イギリス側と和平の条件で合意が成立し、翌1783年1月20日、講和予備条約締結にこぎつけた。こうしてイギリスとの和平交渉は一段落したが、友人に宛てて「連合を強化してヨーロッパの策略に対して我々自身を守らなければならない」と述べているようにアダムズの不信感が解消することはなかった。アダムズはオランダの銀行家と対米投資について語り合うために短期間パリを離れた。アダムズは、イギリスが講和条約になかなか調印しようとしないことを批判しただけで

はなく、フランスの姿勢についても批判した。そのためフランクリンはアダムズが「完全に正気を失った」とまで思うようになった。

最終的には、9月3日のパリ条約 Treaty of Paris の調印により正式にアメリカ独立戦争が終結した。その結果、イギリスは、アメリカの独立とミシシッピを西部境界線とすること、そしてニューファンドランド Newfoundland での漁業権を認めた。特にアダムズが強く主張した点はニューファンドランドでの漁業権である(see → 123頁、巻末史料5^{-46})。他にもアダムズは、北東部の国境問題、王党派への賠償問題に関する条項を準備した。さらに諸邦が正当な負債の返還のために法廷審理を行うことやイギリスと通商条約を締結するための使節を送るように連合会議に勧告している。

もちろんこれで仕事が終わったわけではなかった。諸外国との外交関係樹立という急務が残されていたし、また連合会議が外交に不慣れなためにそれに多大な時間を要することが予測された。しかし、アダムズは、職を辞して帰国しようと考えていた。フランスにほとんど相談することなく締結交渉を進めたことが主な理由である。連合会議は同盟国であるフランスと相談して講和予備条約をまとめるように指示していたので、アダムズ達の行動は明確に連合会議の指示に反していた。さらにアメリカが王党派の財産を保護することを認め、対英債務の支払いを約したことは激しい非難をかうことが予想された。

ジョン・アダムズ (1783年)

しかし、連合会議は引き続いてアダムズに、フランクリンとジェイとともに、通商条約の締結交渉をイギリスと行うように指示した。すぐにアダムズはイギリスに向けて出発しようとしたが、過労のために倒れ、パリ郊外のボワ・デ・ブローニュ Bois de Boulogne で静養しなければならなかった。アダムズはジョン・クインジーを

伴って1783年10月24日にイギリスに向けて出発し、ロンドン、オックスフォード、バースに滞在した。26日にロンドンに到着したアダムズはチャールズ・フォックス外相 Charles James Fox（1749. 1. 24-1806. 9. 13）やエドモンド・バーク Edmund Burke（1729. 1. 12-1797. 7. 9）に会い、バッキンガム宮殿 Buckingham Palace、ウェストミンスター寺院 Westminster Abbey、そして、ウィンザー城 Winsor Castle を訪問した。

　さらに連合会議は、アダムズにフランクリンとジェファソンと協力して、イギリスだけではなくヨーロッパ諸国とも同様に通商条約を結ぶように指示している。続く2年間にオランダからの新たな借款の取り付けやヨーロッパ諸国との通商条約締結に尽力したアダムズは、「交渉におけるワシントン Washington of negotiations」と呼ばれた（see → 123頁、巻末史料 5^{-47})。

家族を呼び寄せる

　この頃、アダムズは妻と娘ナビィをヨーロッパに呼び寄せることを決意した（see → 124頁、巻末史料 5^{-48})。最終的にアビゲイル達がヨーロッパに着いたのは翌1784年7月である。アビゲイル達の到着を知らされたアダムズは早速返事をしたためている。

> 「23日の君の手紙を読んで私は地上で最も幸せな男になりました。昨日より20歳も若返ったようだ。非常に残念だが私は君に会いにロンドンに行くことはできない。行くと決められない理由がいろいろある。この手紙で、さしあたり迎えに息子［ジョン・クインジー・アダムズ］を送り出すことを伝えよう。息子はその年の割には優れた旅人であるし、前途が約束された雄々しい若者だと思う」

　幸いなことに事情が変わったのでアダムズは自ら迎えに行くことができた。1784年8月7日、アダムズはおよそ5年振りに妻と娘に再会した。

駐英アメリカ公使

ロンドンに着任

　1785年2月24日、連合会議はアダムズを初代の駐英アメリカ公使に任命した。その辞令を4月下旬に受け取ったアダムズは5月20日にオートゥイユ Auteuil を出発し、道すがらジェファソンから受け取った『ヴァージニア覚書 Notes on the State of Virginia』を読んだ。特に奴隷について論じた箇所は「ダイヤモンドの価値があ

ります」とジェファソンに述べている。

　一行はカレー Calais を経て英仏海峡を渡り、5月26日にロンドンに到着した。6月1日、アダムズは信任状をジョージ3世 George Ⅲ（1738. 6. 4-1820. 1. 29）に奉呈した (see → 124頁、巻末史料5[-49]）。初代公使としての旧宗主国との関係修復は非常に難しい職務であった。ロンドンの印象についてアダムズはジェファソンに宛てた6月7日付の手紙で「この街の煤と湿気は私にとって害悪です」と書き送っている。また1781年に天王星を発見した天文学者ウィリアム・ハーシェル William Herschel（1738. 11. 15-1822. 8. 25）に会いに行っている。アダムズ一家の暮らしは給与が2,500ポンドから2,000ポンドに引き下げられたこともあって質素なものであった。後にジェファソンがアダムズ一家のもとを訪れた時にその食事が「とても質素」であることに驚いている。

　3年間に及ぶ駐英アメリカ公使の職務で、アダムズはイギリスから自由貿易に基づく通商上の譲歩を引き出そうとした。また1785年8月、アダムズはウィリアム・ピット首相 William Pitt（1759. 5. 28-1806. 1. 23）から北西部領地からイギリス軍を撤退させる確約を得ようとした。こうした努力はほとんど実を結ぶことはなかった。アメリカ側も王党派への賠償や戦前の負債の支払いなどを履行せず、諸邦はそうした条項に反する法律を可決した。アダムズは絶えず新聞からの攻撃を受け、イギリスのアメリカに対する姿勢は独立戦争時とはほとんど変わらない様子であった。イギリスに滞在している間にアダムズが成し遂げた業績の中で最たるものは、1785年7月にオランダのハーグでプロシアと通商条約を締結したことである。

バーバリ諸国との交渉

　こうした任務を果たす一方、アダムズは1785年5月から1786年2月にかけて28通の手紙をジェファソンに送っている。2人は最新のニュースや問題に対する見解などを交換した。その中でも重要なことはバーバリ諸国 Barbary States（16世紀から19世紀にかけてのモロッコ、アルジェ、チュニス、トリポリ）への対応である。アダムズがイギリスに着任して以来、2隻のアメリカ船舶が拿捕され21人のアメリカ人船員が捕われていた。1786年2月、アダムズはトリポリの使節と会談した。ジェファソンの助力が必要だと考えたアダムズはジェファソンをロンドンに招いた。1786年3月11日にジェファソンはロンドンに到着した。アダムズとジェファソンは、トリポリの使節から提示された条件に対してその条件を連合会議に伝えるという返事しか与えることができなかった。

4月4日、アダムズとジェファソンは貸馬車でロンドンを発った。まずツウィッケナム Twickenham とウォボーン・ファーム Woburn Farm の庭園を見物した。4月6日にはイギリスで最も有名な自然庭園であるストーウィ Stowe に立ち寄った。さらにストラトフォード・アポン・エイヴォン Stratford-upon-Avon でシェイクスピア William Shakespeare（1564. 4. 26?-1616. 4. 23）の家を訪れ、椅子の一部を土産として削り取っている。他に古戦場であるエッジヒル Edgehill、詩人ウィリアム・シェンストーン William Shenstone（1714. 11. 18-1763. 2. 11）の家であったリーソーズ Leasowes などを訪れている。リーソーズから南に引き返し、ハグレイ・ホール Hagley Hall、ブレナム宮殿 Blenheim Palace、そしてオックスフォード大学の植物園を回って4月9日夜にロンドンに帰った。4月26日、外交的進展が何もないことからジェファソンはパリに戻るためにロンドンを発った。

ロンドンとパリの間で交わされた手紙の中でジェファソンは艦船を建造し、バーバリ諸国に対して宣戦布告するべきだと訴えた。対してアダムズは海軍の建造には同意しながらも、現時点ではアメリカの海軍力は皆無に等しいので貢納金を支払うしかないと考えていた。1787年1月、アメリカはモロッコと条約を結び、貢納金を支払うことに同意した。

『擁護論』の執筆

公務の傍ら、アダムズは、1786年の秋から約14ヶ月間かけて『擁護論 A Defense of the Constitutions of Government of the United States of America against the Attack of Mr. Turgot』を書いている。『擁護論』は1787年から1788年にかけて続けて出版された。この当時、アメリカではシェイズの反乱 Shay's Rebellion が起きている。連合会議は反乱に対して無力であることを露呈した。そのため強力な中央政府の必要性が広く認識されるようになった。

こうした時代背景の下、アダムズは『擁護論』で、秩序が損なわれる原因を強力な中央政府の不在だけに求めるのではなく、人間の本性の欠陥に求めている。アダムズは「抑制されずにいれば、人民は、無制限の権力を持つ王や上院と同じく不正で専制的かつ残忍で野蛮になる。1つの例外を除き、多数者は常に少数者の権利を侵害する」と述べている。

こうした悪弊を免れるためには市民の徳が不可欠であるとアダムズは論ずる。それは、1783年2月27日付のアビゲイル宛の手紙の中で「共和政体における行動の規則として人民に適用されるのは、美徳、すなわち道徳と言えるかもしれない」とアダム

ズが述べていることからも分かる。しかし、アダムズによれば、独立革命以後、アメリカはヨーロッパ化したために、秩序を維持するのに有用な徳を失った。ではどうすれば秩序を保ちながら自由な政府を維持できるだろうか。

　アダムズは、失われてしまった徳の代わりに、「混合政体 Mixed Government」をアメリカが採用すればそれが可能であると主張し、イギリスの政治制度は「人類が発明した中で最も素晴らしい制度である」と述べている。混合政体とは、単純な中央政府を構成するのではなく、社会の諸階層から議会の代表をそれぞれ選び出し、権力を均衡・分立させる政体である。諸階層が監視し合うことで、お互いに行き過ぎを抑制できるとアダムズは考えた。つまり、諸階層それぞれの自由を他の階層の侵害から保護することが政府の責務なのである。しかし、一方で貧しい者は富める者と同じく、財産の保護や機会の平等を受けるべきだが、その圧倒的な数によって社会を完全に統制下に置くことは否定されなければならないとしている。それは、少数の富者による多数の貧者への抑圧が防止されるべきであるのと同じく、多数の貧者による少数の富者への抑圧もまた防止されなければならないからである。こうした考えはアダムズ独自の発想ではなく、古代ギリシアの政体やイギリスの政体などを参考にしている。

　生涯を通じてアダムズは権力の均衡・分立の重要性を認識していた。1776年5月26日付の手紙の中で、「公徳と平等な自由を維持しながら権力の均衡を保つ唯一の可能な方法は、土地の獲得を社会のすべての構成員に容易にすることです」と早くもアダムズは述べている。さらに1763年8月29日に投稿された「人間の権力欲に関する考察 An Essay on Man's Lust for Power」の中でアダムズは、もし1つの階層が無制限の権限を持つようになれば、他の階層を虐げると早くも述べている。君主制は独裁制になり、貴族制は寡頭制になるとした。特に民主制は無政府状態になれば、「すべての人々が自身の目で正しいと感じたことをするようになり、誰もがその生命、財産、名声、自由を確保できない」と指摘している。

　アダムズが『擁護論』を書いた主な目的は、混合政体を実現できる邦憲法を急進的なフランス知識人の批判から擁護することである。アダムズが擁護した邦憲法は、マサチューセッツ邦憲法、ニュー・ヨーク邦憲法、メリーランド邦憲法の3つの邦憲法である。

　混合政体による統治を安定させるためには、共同体における影響力の強さに基づく「天性の貴族 natural aristocracy」の協力が必要である。アダムズの考えでは、どのような政体であろうとも「貴族」は必ず存在すると考えていた。イギリスの場合は

生得的な貴族が貴族院を構成し、混合政体において均衡を保つ働きを成しているが、アダムズは生得的な貴族については反対している。アダムズが言う「貴族」とは血統、能力、財産のどれによるかはそれほど重要なことではなく、共同体において強い影響力を持つこと自体が重要なのである（see → 124 頁、巻末史料 5^{-50}・5^{-51}）。こうした考えは、アダムズが貴族政治や君主政治を望んでいると反対派にしばしば誤解された。

『擁護論』は 1787 年に第 1 巻が刊行されている。その頃、憲法制定会議に参加していたマディソン James Madison, Jr. (1751. 3. 16-1836. 6. 28) は『擁護論』が世論にもたらす影響について以下のように述べている。

> 「『擁護論』は、特に東部諸邦ではおそらく大変よく読まれているでしょう。そして、他の状況と相俟って、イギリスの政体に対するわが国の偏愛を甦らせる一因となっています。教養ある人々は『擁護論』から何も目新しいことは見いだせません。鑑識眼がある人々は、多くの批判すべき点を見いだしています。そして教養も鑑識眼も持ち合わせていない人々は、理解できないことを少なからず見いだします。それにもかかわらず、『擁護論』は読まれ、称賛され、世論を形成するにおいて強力な原動力となるでしょう。著者の名前と特性は、我々の問題の重大な局面において、当然ながら何らかの影響力を及ぼすでしょう。この本にも利点はありますが、共和主義にそぐわない多くの見解が、諸邦の動きによって新たな影響力を得ることがないように願っています」

このようにマディソンは否定的であったが、実際には『擁護論』は合衆国憲法を正当化する理論的基盤として広く読まれた。その結果、『擁護論』はアダムズにさらなる名声をもたらした。

アダムズ自身は当然のことながら憲法制定会議に参加していないが、憲法案が提議された後、その内容を吟味し、同じく滞欧していたために会議に参加できなかったジェファソンと意見を交わしている。アダムズは憲法案について「連邦を保持できるように十分に考えられている」と歓迎している。大統領の任期に制限が課されていない点についてジェファソンは危惧していたが、アダムズは大統領の権限を強化し、選挙の回数を減らして外国からの干渉をできるだけ排除すべきだと述べている。大統領の官職任命を上院が承認する必要はないとも考えていた。ジェファソンがより中央集権的な連邦政府を支持したのに対し、アダムズは各邦の権限をある程度は保留するべきだと主張した。こうした両者の見解は後に逆転する（see → 125 頁、巻末史料 5^{-52}）。しかし、両者とも憲法が権利章典を欠いている点を不満に思っていた。とはい

え憲法がアメリカを1つにまとめる点で大きく貢献するだろうとアダムズは期待を寄せていた（see → 125頁、巻末史料5⁻⁵³）。

借款の焦げ付きを防止

帰国直前、アダムズはオランダに赴き、ジェファソンとともに借款の利子支払い問題を解決している。もしオランダからの借款を焦げ付かせれば新たな憲法の下に成立したアメリカの信用が著しく損なわれ、将来の資金調達が難しくなる恐れがあった。アダムズはジェファソンと協議して、後に議会が認めてから発行するという条件付きで新たな公債を振り出し、銀行家の手に託した。その後、アダムズはロンドンに戻った。そして1788年3月30日にロンドンからポーツマスに向けて発った。悪天候のためになかなか出港できず、ようやく母国に向けて出港できたのは4月28日のことである。

第1代副大統領

帰国

1788年6月17日、アダムズ一行を乗せた船はボストン港に入った。アダムズは、1779年11月に旅立って以来、約8年半振りに故国の土を踏んだ。ジョン・ハンコック知事とボストン市民はアダムズ一行を熱烈に歓迎した。アダムズは新しく購入したクインジー（元ブレインツリー）の家に引き籠もった。前々からアダムズはいろいろな場所に移動しなければならない弁護士の生活の代わりに、「牧草と草、そして玉蜀黍を見守る生活」を送ってみたいと妻に語っていた。

この頃、人々は、新たに成立した合衆国憲法の下、樹立される連邦政府に関心を寄せていた。中でも誰が大統領と副大統領に選ばれるかは大きな関心の的になった。ワシントンが大統領に選ばれることは確実視されていた。その一方で誰が副大統領に選ばれるかは必ずしも確実ではなかった。その中で『センティネル紙Centinel』はアダムズが副大統領か最高裁長官のいずれかに就任すると予測していた。

1789年の大統領選挙

1789年2月4日に行われた初めての大統領選挙でアダムズは69人の選挙人のうち34人の票を得て次点になった。アダムズ自身が選挙活動を行ったわけではなく、アレグザンダー・ハミルトン Alexander Hamilton（1755. 1. 11-1804. 7. 12）の活動によるところが大きかった。一方、ワシントンは69人すべての選挙人の票を獲得している。その当時の投票方式は選挙人1人につき2票を投じる方式であった。第3

位のジェイの票数は9票であり、アダムズはワシントンには及ばないながらも広く支持を得たと言える。南部を代表するワシントンに対して、ニュー・イングランドを代表するアダムズが副大統領に就任することは新政府の安定には不可欠であった。

副大統領としての職務

4月13日、アダムズはニュー・ヨークに向けてクインジーを発った。そして、4月21日、ワシントンの就任に先立ってアダムズは副大統領の職務を開始した。30日のワシントン大統領の就任式では、アダムズが儀礼上の詳細を執り行った。アダムズ自身が正式に宣誓を行ったのは6月3日である。アダムズが副大統領として果たした役割の中で最も重要な役割は、上院で議決を行う際に票数が同数で均衡した場合に決定票を投ずる職務であった。アダムズは副大統領職について「私は副大統領である。これについては何者でもないが私としては［決定票を投ずることで］すべてを握っている」と評している。連邦政府発足当初、上院議員はわずか22人しかいなかったので、票数が均衡することが多かった。そのためアダムズは29回も決定票を投じている。この記録は今でも破られていない。上院での議事進行は、大陸会議で経験を積んだアダムズにとってまさに適役であった。

決定票の中でも代表的な例は、上院の承認によって任命が確定した行政官を大統領が罷免する権利に関する投票である。1789年7月14日、外務省（後の国務省）を創設する法案に関して、大統領に長官の罷免権を与えるという文言を削除するという動議が提出された。アダムズがその動議に反対票を投じたために、大統領の罷免権が確立した。上院議員の中には、アダムズが次期大統領になろうとしていて、行政権を強化しようとしているのではないかと疑う者もいた。

さらに議席配分法案 Apportionment Bill に対してもアダムズは決定票を投じている。1791年12月15日、アダムズは下院の議席割り当てを3万人に1人から3万3,000人に1人とする同法案に賛成票を投じて成立させた。しかし、この法案は後に大統領の拒否権の行使により廃案となった。アダムズは党派心に基づいて決定票を投じたわけではなく、自らの考えに基づいて決定票を投じている。その他にもジェイ条約締結交渉が行われている傍らで議会に提出されたイギリスに対する通商制裁に対して反対の決定票を投じた。もしその法案が成立していれば対英関係が悪化する恐れがあった。またニュー・ヨークを首都にする期間をさらに2年間のばす法案にも反対の決定票を投じている。

ワシントンはアダムズにほとんど相談を持ちかけることがなかったので、アダムズ

は政権運営の埒外に置かれた。またアダムズも官職の任命に影響力を行使しなかった。官職の任命権は大統領のみにあると信じていたからである。政権内で冷遇されていると感じたアダムズは「わが国は賢明にも、かつて人間が考案するか、または思い付く限り、最も無用の職務を考案した」と皮肉を言っている。同時代の人々に不当に無視され、批判されていると信じ込むようなところがアダムズにはあった（see → 125頁、巻末史料5^{-54}）。アダムズは時にワシントンを辛辣に批評することもあったが、家にワシントンの肖像画を飾っていることからも分かるように、ワシントンに対しておおむね敬意を抱いていた。またハミルトンが主導する財政政策についておおむね支持していた。

　ジョン・アダムズは「合衆国大統領にしてその権利の擁護者閣下 His Highness the Presidents of the United States of America and the Protector of the Rights of the Same」を大統領に対する呼称として上院に提案した。「堂々とした、少なくとも相当な称号は、名声、権威、そして大統領の尊厳を維持するために不可欠に必要であるように思われる。殿下、もしくはよければ優渥なる殿下といった正しい称号は、大統領の憲法上の特権、そしてわが国の人民もしくは外国人の心の中で大統領の地位を確固たるものにするのにふさわしい」と考えていたのである。この提案は結局、下院で拒絶されただけではなく、嘲笑のもとになった。またアダムズが鬘に帯剣という正装に拘ったために、「恰幅閣下 His Rotundity」という呼称を奉られた。そうした正装はヨーロッパの宮廷で外交官として活躍したアダムズにとって奇異な服装ではなかった。5月14日、上院は大統領の称号を単に「合衆国大統領」とすると決定した。

　アダムズが嘲笑をかったのはそれだけではなかった。アダムズは、毎朝、賃借した邸宅から1頭立ての軽装馬車で出勤していたが、その様子を、お仕着せを着た御者が駆る豪奢な馬車に乗って出勤していると報じる新聞もあった。またアダムズが世襲の王になろうとしているのではないかと疑う人々さえいた。このようにアダムズは君主制や貴族制を望んでいるのではないかとしばしば批判されている。例えばフランクリンは、「いつもは実直で、多くの場合は賢明な人物だが、時々、場合によっては何を考えているのかが全く分からないこともある」とアダムズを評している。現代の研究者の中にも、ジョン・ハウ John R. Howe, Jr. の『ジョン・アダムズの変化する政治思想 The Changing Political Thought of John Adams』に代表されるように、アダムズの政治思想がヨーロッパに滞在する前と後で変化していると指摘する者

がいる。しかし、アダムズ自身は友人に向かって「1775年に共和主義者であったように今も共和主義者です」と明言している。また「私は君主制に対する絶対的で妥協することのない敵です」とも語っている。しかし、強い行政権を大統領に与えるべきだという考え方はしばしばアダムズが君主制主義者であるという批判を招いたのである（see → 125・126頁、巻末史料5^{-55}・5^{-56}）。

この頃のエピソードとして、ハミルトンとイギリスの政体について意見を戦わせた話が残っている。当時、国務長官であったジェファソンは閣僚達を晩餐会に招いた。その席でアダムズとハミルトンはイギリスの憲法について議論した。ジェファソンの回想によれば、アダムズは、もし欠点が是正されればイギリスの政体は、人間が考え出した中で最も優れた政体となるだろうと語った。それに対してハミルトンは、欠点はあるにしろイギリスの政体は最も完全な政体であると述べたという。

副大統領時代の邸宅

『ダヴィラ論』の執筆

政治的には不遇であった一方、アダムズは、1790年4月27日から、『ユナイテッド・ステイツ・ガゼット紙 United States Gazette』に31篇からなる『ダヴィラ論 Discourses on Davila』を発表している。1630年に発刊されたイタリアの歴史家エンリコ・カテリーノ・ダヴィラ Enrico Caterino Davila（1576.10.30-1631.5.26）の『フランス内戦史 Historia delle Guerre Civili di Francia』の翻訳をもとに自説を展開している。

16世紀のフランスの内戦とフランス革命を比較し、三権分立と二院制によって均衡が保たれた政府がなければフランス革命は失敗に終わるとアダムズは予測した。そもそも一院制の民主主義政体は人間の本性に反する政体であり、特殊な地理的条件に基づくか、もしくは独立戦争時のアメリカのように非常時でなければ長く存続することはできないとアダムズは主張し、フランスの革命指導者達が全権力を一院制議会に集中させることを批判した。友人に「フランス革命がすべての時代と全地球に広がるような自由、平等、人間性への良い影響を与えるように私は望んでいます」と語って

いるようにアダムズはフランス革命自体は評価していたが、もし一院制議会がフランス国民に無制限に平等を与えれば無秩序をもたらすことになるだろうと警告している。

なぜならアダムズによれば、人間の本性は平等よりも「区別を求める情熱」に支配されるからである。「若者であれ老人であれ、富者であれ貧者であれ、高貴な者であれ賤しい者であれ、無知な者であれ教養ある者であれ、すべての個人は、理解され、認められ、話題の的にされ、肯定され、そして尊重されたいという欲求によって強く動かされる」とアダムズは述べている（see → 126 頁、巻末史料 5[-57]）。

この『ダヴィラ論』は、ハミルトンにもジェファソンにも不評であった。ハミルトンは、『ダヴィラ論』が政府を弱体化させるものだと見なした。一方でジェファソンは、アダムズが君主政や貴族政に傾斜しているのではないかと疑念を抱いた。アダムズ自身も後に『ダヴィラ論』を発表することで「強力に彼の人気を破壊した。それは彼が君主制の主唱者であり、世襲的な大統領を導入しようと努めているという完全な証拠として主張された」と述べている。トマス・ペインが書いた『人間の権利 Rights of Man』の前文の中でジェファソンは、アダムズを「政治的異端 political heresies」と非難している。ジェファソンの発言に反駁する文章が 6 月から 7 月にかけて『コロンビアン・センティネル紙 Columbian Centinel』に掲載されたが、筆者はアダムズ本人ではなく、息子のジョン・クインジーである。結局、ジェファソンが弁明の手紙をアダムズに送ったので事態は深刻にならずに済んだ。アダムズはジェファソンの弁明に対してペインの本によってあらゆる方面から非難を受けているが、「友人に私を見捨てるような機会を与えるくらいなら、辞めようと思わない職務などない」と返答している。

1792 年の大統領選挙

1792 年 12 月 5 日に行なわれた大統領選挙でアダムズはワシントンの 132 票に続いて 77 票を獲得し、副大統領に再選された。しかし、50 票がニュー・ヨーク州知事ジョージ・クリントン George Clinton（1739. 7. 26-1812. 4. 20）に流れたことは民主共和派の勢力が強まっていることを意味した。民主共和派のパンフレットや新聞によるアダムズ批判が続き、フィリップ・フレノー Philip Morin Freneau（1752. 1. 2-1832. 12. 18）はアダムズを「お粗末なジョン・アダムズ」と揶揄した。フランクリンの孫ベンジャミン・ベイチュ Benjamin Franklin Bache（1769. 8. 12-1798. 9. 10）は、12 月 1 日の『ナショナル・ガゼット紙 National Gazette』でアダムズがもはや 1776 年当時のアダムズではないと示唆した。ジェファソンによれば、ジョン・ラン

ドン John Langdon（1741. 6. 26-1819. 9. 18）上院議員に僅差で副大統領に当選したことを指摘された時、アダムズは切歯扼腕して、「けしからん。けしからん。けしからん。いいかね、代議制なんてとんでもない」と言ったという。

副大統領2期目

アダムズはジュネ問題に深く関与せず沈黙を保った。再び簡潔に宣誓を行った後、3月4日の就任式に臨んだ。ルイ16世の処刑を聞いたアダムズは、「悲劇、喜劇、茶番劇だ」と記している。

黄熱病がフィラデルフィアで蔓延したため、アダムズはクインジーに戻った。フィラデルフィアに戻ったのは1793年12月の議会である。ジェファソンとジュネ Edmond-Charles Genêt（1763. 1. 8-1834. 7. 14）の行動について話し合い、「すべての説明、すべての冷静さ、そしてわが国の人々を戦争の局外に置くという議会の堅固な意志が必要でしょう」と語っている。

この頃のアダムズについてあるイギリス人の旅行者は次のように記している。

> 「私はいつもアダムズ氏が部屋に入ってきて我々のテーブルに座を占めるのを楽しみにしていました。本当にこの際立った人物を見れば、朝は上院の議長席を占め、その後は道路を通って家まで歩いて帰り、同胞市民の間に平等に席を占め、彼が上席を占めていた人々に対して親しげに話しかける様子は、目立つ光景であり、この時代のアメリカ社会の状況を顕著に示すものでもありました」

上院議長としてアダムズは自分の息子ジョン・クインジーが駐蘭アメリカ公使として承認されるのを見守った。またジェファソンとしばしば手紙を交換し、田園生活に優るものはなく、戦争は避けるべきだという見解で一致していた。それに加えて「常に貴族政を嫌悪してきた」と書いている。

1795年6月、ジェイ条約の是非を問うために議会が招集された。アダムズはほとんど口を差し挟むことはなかった。とはいえ、大統領は反対に怯（ひる）むことなく条約にすぐに署名するべきだとアダムズは考えていた。ワシントンはアダムズだけを食事に招いて内密の会談を行っている。その後、再度、内密にアダムズを招いた時、ワシントンは辞意を表明した。

6．大統領選挙戦

1796年の大統領選挙

選挙動向

　1796年の大統領選挙は、実質的に初めての政党に基づく選挙だと言える。ワシントン政権下で広がりつつあった党派間の亀裂はもはや埋めることは不可能であった。ハミルトンを中心とする連邦派はアダムズを大統領に、トマス・ピンクニー Thomas Pinckney（1750. 10. 23-1828. 11. 27）を副大統領に推した。一方、ジェファソンを中心とする民主共和派はジェファソンを大統領に、アーロン・バー Aaron Burr（1756. 2. 6-1836. 9. 14）を副大統領に推した。この際の候補公認は書簡による意見交換や非公式の協議を経て行われた。今日とは違って両派とも表立った選挙活動や演説などを行ったわけではない。

　連邦派はさらに中央政府を強化することを提唱し、それに対して民主共和派は権限を州に分散させることを主張していた。また外交に関して、アダムズはフランス革命を衆愚政治だと否定的にとらえていたが、ジェファソンはフランス革命を肯定的に評価していた。連邦派は親英の傾向が強く、民主共和派は親仏の傾向が強かった。このように内政においても外交においても両派は真っ向から対立していた。アダムズは民主共和派の新聞から君主制を支持していると激しい非難を浴びせられた。

　アダムズにとって最大の強みはワシントンによって後継者として認められていたことであった。しかし、連邦派の中心であったハミルトンはピンクニーを大統領にしようと秘かに画策していた。アダムズが自己中心的で勝手気ままな人物で大統領として資質に欠けるとハミルトンは判断したからである。事実、アダムズは誰かが自分の名声を貶めているのではないかと根拠無く思い込むようなこともあったし、しばしば癇癪を起こすこともあった。そこでハミルトンは連邦派に属する選挙人に、アダムズとピンクニー両方に票を投ずるように伝達した。南部で優勢であったピンクニーが北部でもアダムズと並べば、総計で最も多く票を獲得することも十分に可能であるとハミルトンは予測した。アダムズ自身はジェファソンが大統領に選ばれるのではないかと思っていた。

選挙結果

　大統領選挙は 1796 年 12 月 7 日に行われ、138 人の選挙人（16 州）がそれぞれ 2 票ずつ票を投じた。選挙の結果は接戦であった。

　アダムズはニュー・イングランドを中心に 12 州から 71 票を獲得し辛うじて首位と過半数を保持した。詳細は次の通りである。すなわち、コネティカット 9 票、デラウェア 3 票、メリーランド 7 票、マサチューセッツ 16 票、ニュー・ハンプシャー 6 票、ニュー・ジャージー 7 票、ニュー・ヨーク 12 票、ノース・カロライナ 1 票、ペンシルヴェニア 1 票、ロード・アイランド 4 票、ヴァーモント 4 票、ヴァージニア 1 票である。

　ピンクニーはニュー・イングランドの票を完全に把握できず 59 票にとどまった。すなわち、コネティカット 4 票、デラウェア 3 票、メリーランド 4 票、マサチューセッツ 13 票、ニュー・ジャージー 7 票、ニュー・ヨーク 12 票、ノース・カロライナ 1 票、ペンシルヴェニア 1 票、サウス・カロライナ 8 票、ヴァーモント 4 票、ヴァージニア 1 票である。

　一方でジェファソンは 8 州から 68 票を得て次点となった。すなわち、ジョージア 4 票、ケンタッキー 4 票、メリーランド 4 票、ノース・カロライナ 11 票、ペンシルヴェニア 14 票、サウス・カロライナ 8 票、テネシー 3 票、ヴァージニア 20 票である。

　バーは南部の票をほとんど獲得できず、わずか 30 票にとどまった。すなわちケンタッキー 4 票、メリーランド 3 票、ノース・カロライナ 6 票、ペンシルヴェニア 13 票、テネシー 3 票、ヴァージニア 1 票である。また候補として名前があがっていないワシントンに 2 票が投じられている。

　1797 年 2 月 8 日、両院合同会議における選挙人票の開票結果に基づき、アダムズは「合衆国の憲法と法、そして今会期で示された両院の決議に従って、私はジョン・アダムズが来月 3 月 4 日に始まる 4 年間を任期とする合衆国大統領に選ばれたことを宣告する」と述べ、自らの大統領当確を宣告した。

　当時、「政党」は明確に存在しておらず、アダムズ自身も党派に拘ることはあまりなかったものの、連邦派と見なされ、ジェファソンは民主共和派と考えられていた。つまり、この大統領選挙では、異なる「政党」から大統領と副大統領が選出されるという結果となった。現在では、憲法修正第 12 条によって、異なる政党から大統領と副大統領が選出されることはない。

　アダムズは屈辱に我慢できない性格であったので、もし結果が次点か、または同数

で裁定が下院に持ち込まれた場合は辞職するつもりであった。ワシントンの後継者を自任するアダムズにとって僅差での勝利は自尊心を傷付ける結果であった。

　就任式
　大統領に選ばれた気持ちをアダムズは「私の感情はこの機会において誇りでもこれ見よがしのものでもありません。義務感、重大な信託、そして、それに伴う数多くの義務によって厳かな気持ちです」と語っている。就任式は1797年3月4日、フィラデルフィアにあるフェデラル・ホールの下院会議場で行われた。アダムズは2頭立ての馬車に乗って逗留先のフランシス・ホテル Francis Hotel からフェデラル・ホールに向かった。就任演説を行った後、演壇から降り、下院会議場の前に置かれたテーブルで宣誓を行った。就任演説の内容については 12．演説を参照のこと（see → 98頁）。宣誓は最高裁長官オリヴァー・エルズワースが執り行った。これは最高裁長官が大統領宣誓を執り行った最初の例となった。

　前大統領としてワシントンは、黒いヴェルヴェット製の衣装に帯剣、髪粉を付けた鬘、駝鳥の羽飾りを付けたコックド・ハットという豪華な正装で式に臨んでいる。一方、アダムズは、就任式の主役であるにもかかわらず、簡素な服装で鬘も付けず、副大統領として帯びていた剣も帯びていなかった。さらに護衛兵と儀仗兵は就任式の間、アダムズではなくワシントンに随従していた。就任式が終わるとほとんどの群衆はワシントンの後についていった（see → 126・127頁、巻末史料 6^{-1}・6^{-2}）。

7．政権の特色と課題

主要年表

1797年
　3月4日　大統領就任。
　5月10日　ユナイテッド・ステイツ号進水。
　6月14日　武器輸出が禁止される。
　9月20日　コンスティテューション号進水。
　11月22日　第1次一般教書。
1798年
　4月7日　ミシシッピ準州設置。

4月30日　海軍省創設。
6月18日　アダムズ、帰化法案に署名。
6月25日　外国人法制定。
7月6日　敵性外国人法制定。
7月7日　連邦議会、米仏同盟を破棄。
7月11日　海兵隊創設。
7月14日　アダムズ、治安法案に署名。
7月16日　公衆衛生局創設。
7月　　　フィラデルフィアで黄熱病が蔓延。
10月2日　チェロキー族と条約締結。
11月16日　ケンタッキー決議。
12月8日　第2次一般教書。
12月21日　ヴァージニア決議。

1799年

2月5日　アダムズ、フリーズの乱の暴徒に解散命令。
12月3日　第3次一般教書。

1800年

4月24日　連邦議会図書館創設。
5月6日　インディアナ準州設置。
6月15日　ワシントンD.C.に首都移転。
10月1日　米仏協定締結。
11月22日　第4次一般教書。
12月3日　アダムズ、大統領選挙で敗北。
12月15日　米仏協定に関する特別教書。

1801年

2月3日　米仏協定を上院が承認。
2月13日　アダムズ、1801年裁判所法に署名。
3月4日　大統領退任。

連邦議会会期

第5回連邦議会
　第1会期　1797年5月15日〜1797年7月10日（57日間）
　第2会期　1797年11月13日〜1798年7月16日（246日間）
　第3会期　1798年12月3日〜1799年3月3日（91日間）
　上院特別会期　1797年3月4日（1日間）
　　　　　　　　1798年7月17日〜1798年7月19日（3日間）

第6回連邦議会
　第1会期　1799年12月2日〜1800年5月14日（164日間）
　第2会期　1800年11月17日〜1801年3月3日（107日間）

閣僚との確執

　初めての政権継承であったために、閣僚人事の変更や政策の継続などについて前例はなかった。「ワシントンが彼らを任命したので、もし私が彼らのうちの1人でも更迭すれば世界は滅茶苦茶になるだろう」と述べ、アダムズはワシントン政権の閣僚をそのまま留任させた。ワシントンにはハミルトンのような腹心の部下がいたが、アダムズにはそのような部下はいなかった。アダムズはワシントンの後継者を自ら以って任じていたので、閣僚を留任させることは当然の選択であった。またアダムズは閣僚人事を党派や縁故に基づいて決定すべきではないと考え、大統領自身も党派心に左右されるべきではないと固く信じていた。

　閣僚に対して最も影響力を持っていた人物は、ワシントンを除けばハミルトンであった。ハミルトンはすでに財務長官の職を退いていたが、閣僚は事あるごとにハミルトンの裁量を密かに仰いでいた。ワシントン政権下でハミルトンは、連邦政府の財政的基盤を整備したが、アダムズはそうした計画に対しておおむね賛成していた。しかし、アダムズはハミルトンに強い不信感を抱いていた。1796年の大統領選挙におけるハミルトンの画策をアダムズが知ったことが原因の1つである。ハミルトンもアダムズを連邦派の領袖だと見なしていなかった。閣僚との確執は彼らの背後にいるハミルトンとの確執であったと言える（see→**127頁、巻末史料7**[1]）。

　1800年5月、遂に確執は最終局面を迎えた。次期大統領候補にチャールズ・コッツワース・ピンクニー Charles Cotesworth Pinckney（1746. 2. 25-1825. 8. 16）

を担ぎ出そうとハミルトンが陰謀をめぐらせていると確信したアダムズは、5月5日に陸軍長官ジェームズ・マクヘンリーに辞職を要求した。翌日、マクヘンリーは辞職した。さらに5月10日、アダムズは国務長官ティモシー・ピカリングにも辞職を要求した。しかし、ピカリングは12日の手紙で辞職する意思がないことを示した。止むを得ずアダムズはピカリングを罷免した。こうした一連の更迭は大統領が自らの判断のみで閣僚の交代を命じることができることを示した。しかし、それは連邦派の分裂を早める結果をもたらした。

憲法修正第11条

1798年1月8日、憲法修正11条の発効が宣言された。修正11条は、「合衆国の司法権は、合衆国の一州に対し、他州の市民により、または外国の市民もしくは臣民によって提起された普通法または衡平法上の訴訟にまで及ぶものとすることはできない」と規定する。

ワシントン政権期にジョージア州に対して他州の一市民が負債の支払いを要求する裁判を起こしていた。しかし、連邦最高裁の判決の履行をジョージア州は拒否した。これに倣って他の州も同様の権利を求めた。それに応じて議会は、1794年3月5日、修正11条を可決していたのである。実は1795年1月23日にデラウェア州の批准によって憲法修正11条はすでに成立要件を満たしていたが、州が連邦への告知を怠ったために、1798年になってようやく国務省が正式に発効を確認したのである。

ＷＸＹＺ事件

フランスとの衝突

フランスはワシントンによる中立宣言とジェイ条約締結を米仏同盟に反すると非難していた。そのうえフランスはイギリスに対する経済封鎖を名目にアメリカ船舶の取締りを強化した。これにより多くのアメリカ船舶が損害を被った。1796年11月、さらにフランスは国交停止を宣言した。

就任前の3月2日、アダムズはジェファソンのもとを訪れて、モンロー James Monroe（1758.4.28-1831.7.4）を召還する代わりに関係改善のためにフランスに赴くように求めたが、断られている。ワシントン政権期にすでにハミルトンの強い影響力の下、チャールズ・コッツワース・ピンクニーが公使に選ばれていた。しかし、アダムズ自身はピンクニーの派遣に危惧を抱いていた。3月13日、アダムズが心配

していたように、フランスがピンクニーの受け入れを拒否したという報せが届いた。ピンクニーはパリを退去してアムステルダムでさらなる訓令を待った。さらにフランスはカリブ海でアメリカ船舶を拿捕し始めた。

4月14日の閣議でアダムズは、新たな使節の派遣の是非を諮った。閣僚はフランスとの外交関係を断絶させるべきではないと主張した。1797年5月15日、アダムズはアメリカの中立と安全保障を講じるために特別議会を招集した。その翌日、アダムズは議会に戦争教書を送付した。それは、フランスが公使としてピンクニーの受け入れを拒否し、アメリカ船舶に損害を与えたことを非難し、商船の武装と海軍の増強、そして民兵を再編成することを議会に求める内容である。最初の戦争教書であるが、正式な宣戦布告を求めたわけではない（see → 127 頁、巻末史料 7[2]）。議会はアダムズの要請に応えて、8万の民兵を3ヶ月間動員し、80万ドルの借款を締結する権限を与えた。さらに海軍軍備法 Act Providing a Naval Armament で、ワシントン政権期に建造されていた3隻のフリゲート艦の再武装が認められた。

その一方で、アダムズはフランスとの和解を図るために特使を派遣した。民主共和派のマディソンを特使の1人に任命しようとしたが、連邦派の閣僚の反対にあって断念した。ピンクニーに加えて最終的に民主共和派からはマディソンの代わりに古くからの友人であるエルブリッジ・ゲリー Elbridge Thomas Gerry (1744. 7. 17-1814. 11. 23) が、連邦派からはジョン・マーシャルが特使に選ばれた。

アメリカ使節団を迎えた仏外相シャルル・タレーラン Charles Maurice de Talleyrand-Périgord (1754. 2. 2-1838. 5. 17) は、ピエール・ボーマルシェ Pierre Augustin Caron de Beaumarchais (1732. 1. 24-1799. 5. 18)、ジャン・ホッティンガ Jean Hottinguer、ムッシュ・ベラミー Monsieur Bellamy、リュシアン・オートヴァル Lucien Hauteval を通じて、25万ドルの賄賂を要求し、交渉開始の条件として1,000万ドルのフランス公債を引き受けること、アダムズが5月16日に行ったフランスを非難した演説を取り消すことなどの条件を提示した。その一方で、1798年1月31日、使節団はフランスに現在のアメリカの立場に関する報告書を提出した。それに対してフランスは、3月19日、ジェイ条約が米仏同盟に反する条約であること、最も親仏的なゲリーとのみ交渉することを回答した。そのため使節団は4月24日、ゲリーを残して帰国した。帰国の前にマーシャルは交渉の経緯をまとめた報告書を送っている。その報告書の中で、ボーマルシェ、ホッティンガ、ベラミー、オートヴァルはそれぞれ W、X、Y、Z という暗号に変えられていた。そのため一

連の経緯はＷＸＹＺ事件 WXYZ Affair、もしくはＸＹＺ事件 XYZ Affair と呼ばれる。

　国民感情の激化

　1798年1月24日、使節団からの報告を待つ間、アダムズは閣僚と交渉が失敗した場合の善後策を協議した。選択肢は、開戦、出港禁止、もしくはヨーロッパ諸国との関係を変えるかであった。マクヘンリー陸軍長官はアメリカ国民はフランスとの戦争を望んでいないと答えた。リー司法長官は開戦を唱えた。ピカリング国務長官はイギリスと同盟を結ぶように勧めた。アダムズは強硬な態度を保つことには同意したが、イギリスとの関係強化は認めなかった。

　1798年3月4日、フィラデルフィアにフランスからの通信が届き、交渉の失敗が判明した。それだけではなく、フランス政府が中立国の船舶に対してすべてのフランスの港を封鎖し、イギリス製品を積んだ船舶を拿捕する命令を出したことが分かった。フランスがアメリカに宣戦布告したという噂まで飛び交った。

　1798年3月19日、アダムズは対仏交渉の失敗を議会に報告した。そして、議会に軍備の増強を求めた。そのため民主共和派の親仏派はアダムズを激しく攻撃した。民主共和派のアルバート・ギャラティン Albert Gallatin（1761. 1. 29–1849. 8. 13）は書簡の開示を求めた。その結果、65票対27票でギャラティンの提案は可決された。4月3日、議会の求めに応じてアダムズはＷＸＹＺ書簡を提出した。5月末から6月末にかけて議会は商船を武装し、港を要塞化し、アメリカの水域でアメリカ艦船がフランスの私掠船を拿捕することを認める措置などを打ち出した。フランスの工作員が街を焼き討ちしようとしているという噂が流れ、大統領官邸には歩哨が配置された。アダムズは6月21日に議会に対して、「偉大で自由で強力な独立国家の代表として公使が接受され、尊重され、そして栄誉を与えられることが確証できない限り、フランスに代わりの公使を送ることはないでしょう」と通告している。7月9日、議会はさらにアメリカ海軍に武装したフランス艦船を拿捕すること、大統領に私掠船を認可する権限を与える法案を可決した。その2日後、海兵隊 Marine Corps が創設された。さらに議会は7月14日、諸費用をまかなうために家屋と奴隷に課税することを決め、大統領にあわせて700万ドルの借款を認めた。

　対仏交渉の経緯を知ったアメリカ国民は激怒した。多くのアメリカ人はフランス革命勃発当初、革命に好意的であった。しかし、革命フランス政府による恐怖政治や非キリスト教運動などが知られるようになると国民感情は一転した。このようなフラン

スへの反感は「防衛に大金をかけろ、賄賂には一銭たりとも使うな Millions for defense, but not a cent for tribute」という当時の言葉に表れている。

こうした国民感情を追い風にして、連邦派は親仏的な民主共和派に熾烈な批判を加えた。一方で民主共和派は、連邦派がＷＸＹＺ事件を捏造したのではないかと疑いをかけた。米仏間の交易は途絶し、フランスの私掠船がアメリカ船舶を憚ることなく拿捕し始めた。1798年7月7日、議会によって米仏同盟は破棄され、米仏の決裂は決定的になった。アメリカはフランスと海上で小競り合いを続けたが正式な宣戦布告には至らなかったため、約2年間にわたった衝突は「擬似戦争 Quasi War」と呼ばれる。

外国人・治安諸法の制定

外国人・治安諸法の内容

1798年、反仏感情の高まりを追い風にして連邦派は、44票対41票の僅差で外国人・治安諸法 Alien and Sedition Acts を通過させた。外国人・治安諸法は、帰化法 Naturalization Act、外国人法 Alien Act、敵性外国人法 Alien Enemies Act、治安法 Sedition Act の4法からなる。民主共和派は、これらの法律を、フランス革命思想の広がりを阻止し、親仏的な民主共和派の勢力を削ぐことを目的としたものだとして激しく反発した。

帰化法は、アメリカの市民権を得るための在住期間を5年から14年に延長する法律である。その結果、民主共和派が多くを占める移民は投票権を得ることが難しくなった。外国人法は、危険だと見なされる外国人を国外退去させる権限を大統領に与える法律である。これにより移民の中から強固な親仏・民主共和派を追放することが可能になった。また敵性外国人法は、交戦期間中、敵国人を検挙し収監することを認める法律であった。さらに治安法は、連邦政府や連邦議会、または大統領に対する中傷や名誉毀損を行った者を処罰するという法律である。この法律は実質的に出版の自由や言論の自由を侵害する法律であった。アダムズは法案に署名したものの、連邦派の期待とは裏腹に積極的に同法を執行しようとはしなかった。そのため同法に基づく告発はわずか25件にとどまった。アダムズは後にこうした法律が一時的に必要であり、また法律の制定は行政府ではなく立法府によるものだったと述べている。

民主共和派の反撃

こうした外国人・治安諸法に対して民主共和派は、ケンタッキー決議 Kentucky

Resolutions とヴァージニア決議 Virginia Resolutions を動議にかけることで抗議した。ケンタッキー決議は、ジェファソンによって起草され、1798年11月16日、ケンタッキー州議会で可決された。またヴァージニア決議は、マディソンによって起草され、1798年12月24日にヴァージニア州議会で可決された。

両決議は、外国人・治安諸法が憲法修正第10条の「本憲法によって合衆国に委任されず、また各州に対して禁止されなかった権限は、各州それぞれに、あるいは人民に留保される」という規定に反していると主張している。こうした州権の考え方は後世にまで大きな影響を及ぼしている。

ケンタッキー決議の詳細については『トマス・ジェファソン伝記事典』、5. 職業経験、副大統領、ケンタッキー決議を、ヴァージニア決議の詳細については『ジェームズ・マディソン伝記事典』、5. 職業経験、ケンタッキー決議をそれぞれ参照のこと。

軍備の増強

海軍省の創設

アダムズはフランスとの外交関係を一時的に断絶させる一方で1798年1月、海軍省の創設と陸軍を戦時体制に置くための資金を議会に求めた。その結果、4月30日に海軍省が創設された。それ以前は陸軍省が海軍の統括を行っていた。また海軍省に続いて7月11日、海兵隊も創設された。ワシントン政権期、バーバリ諸国の海賊に対抗するために議会は合衆国海軍の再建を認めていたが、非常に小規模なものであった。

海軍を増強することでフランスの対米強硬姿勢を牽制しようとアダムズは考えた。またハミルトンが主導する陸軍増強案を抑える目的もあった。そうした理由に加えて、急速に拡大する海洋貿易を維持するために、アメリカ船舶を保護する海軍は不可欠な存在であった。

フランスとの緊張が高まる中、アメリカはイギリスとお互いの商船をフランスの私掠船から守る協定を結んだ。連邦派はさらにイギリスとの同盟を推進しようとしたが、アダムズはそれを認めなかった。アメリカは、フランスとの緊張が緩和された後も、イギリスの海軍力に頼ることなく独自に自国の船舶を保護する海軍力を整備しなければならないと考えていたからである。その結果、海軍は50隻の艦船に約5,000人の人員を抱えるまでに拡大された。

臨時軍の創設

1798年5月28日、連邦派の強い影響の下、議会はフランス軍のアメリカ侵攻に備

えて臨時軍を編成することを決定した。それを受けてアダムズは、7月2日、引退していたワシントンを「中将および合衆国に奉仕するために徴募され、徴募されるであろう全軍の総司令官 Lieutenant General and Commander in Chief of All Armies raised, or to be raised for the Service of United States」に指名した。

アダムズはワシントンを頂点にして、ヘンリー・ノックス Henry Knox (1750. 7. 25-1806. 10. 25)、チャールズ・コッツワース・ピンクニー、そしてハミルトンの順序で指揮官を任命しようとした。しかし、ワシントンはハミルトンを次位に置くように強く望んだ。さらに閣僚もワシントンの要請に同調したために、アダムズは不服であったがハミルトンを次位に置く案を承諾せざるを得なかった。また閣僚は大規模な陸軍を編成する計画を推進しようとしたが、アダムズはそれを認めなかった。アダムズはハミルトンが軍を使ってクーデターを起こし、第2の「ボナパルト」になることを恐れていた。結局、軍は1800年6月15日に解散されることになった。

フランスとの海戦

擬似戦争では陸戦はなかったが、海戦は何度か起きている。1799年2月9日、ニューヴィス島沖でアメリカ海軍のコンステレーション号 Constellation はフランスのフリゲート艦ランスルジャント号 L'Insurgente と交戦し、同艦を捕獲した。さらに1800年2月1日、同じくコンステレーション号が、グアドループ沖でフランスの軍艦ラ・ヴァンジャンス号 La Vengeance を追尾し、翌2日、砲撃戦をしかけて撃退した。

擬似戦争を通じてアメリカ海軍は大幅に増強された。開戦当初、わずか10隻程度だった艦船は、終戦時には50隻以上になっていた。戦況はアメリカに圧倒的に優位に進んでいる。最終的にアメリカは戦艦を1隻失ったものの、2隻のフリゲート艦を含む85隻のフランス船舶を拿捕している（see → **127頁、巻末史料7**[3]）。

ネイティヴ・アメリカン政策

ネイティヴ・アメリカン政策でアダムズが最も頭を悩ましたのは、諸州がネイティヴ・アメリカンの土地を次々に侵害することであった。それは絶えざる緊張の主な要因であった。チェロキー族の土地についてテネシー州議会はアダムズに、ネイティヴ・アメリカンは土地を借用しているだけだと主張した。

1798年8月27日、アダムズはチェロキー族への呼びかけを行った。その中でアダムズは、定められた境界を越えて不法居住が行われていることを認めながらも、アメ

リカ大統領はアメリカ市民に対して最大の義務を負うと述べた（see→**128 頁、巻末史料 7**[4]）。最終的にチェロキー族は 1798 年 10 月 2 日に締結されたテリコ条約 Treaty of Tellico でさらなる土地の明け渡しを余儀なくされた。

　北部でも入植者がグリーンヴィル条約 Treaty of Greenville によって定められた境界を越えていた。さらにアダムズは条約を無視して 1800 年にインディアナ準州を設置し、ウィリアム・ハリソン William H. Harrison（1773. 2. 9-1841. 4. 4）をインディアナ準州長官に任命した（see→**128 頁、巻末史料 7**[5]）。

フリーズの乱

　臨時軍と海軍の増強に伴う歳出の増加を補うために、1798 年 7 月、アダムズは財産税の導入を認めた。翌年、ペンシルヴェニア州東部の農民が財産税の撤廃を求めて反乱を起こした。この反乱は、首謀者である元民兵隊指揮官ジョン・フリーズ John Fries（1750-1818）の名前にちなんでフリーズの乱 Fries Rebellion と呼ばれる。または税の査定官に熱湯を注ぎかけて農婦達が抵抗したことから熱湯反乱 Hot Water Rebellion とも呼ばれる。フリーズは数百人の暴徒を率いて刑務所を襲い、囚人を解き放った。

　アダムズは反乱の鎮圧を命じたが、1794 年のウィスキー暴動 Whiskey Rebellion の際にワシントンが自ら鎮圧に乗り出したのとは異なり、クインジーの自宅に滞在していた。アダムズの不在はこの時だけではない。ワシントンが 8 年の在任期間中に政庁所在地から離れていた日数は合計で 181 日間であったが、アダムズはその半分の在任期間にもかかわらず、合計 385 日も政庁所在地を離れていた。大統領不在の間、フリーズの反乱に対処したのは主に閣僚であった。特に 1799 年は 3 月から 9 月までほぼ 7 ヶ月間、アダムズは政庁所在地を離れていた。

　反乱鎮圧後、裁判にかけられたフリーズと他 2 人は反逆罪で絞首刑の判決を受けた。アダムズは、さらなる反乱を阻止するために刑を執行すべきだという閣僚の忠告に反して、1800 年 5 月 20 日、フリーズに恩赦を与えた。アダムズは、フリーズの反乱を危険な暴動と見なしたものの、反逆罪にはあたらないと考えた。そして、「アメリカ人の人道的で心優しい性質に訴えかける」ために恩赦を与える決定を下した。この決断は、アダムズは気まぐれで弱気であるという閣僚の確信を強めた。それは、鎮圧の際の不在に加えて、アダムズが連邦派の支持を失う一因となった（see→**128 頁、巻末史料 7**[6]）。

擬似戦争終結

　アダムズは、1798年6月17日にいち早くフランスから帰国したマーシャルから、タレーランがアメリカ人の怒りに驚いていること、アメリカ国内の政治的分裂に乗じていること、そして交渉を再開しようとしていることを聞き取っていた。また8月5日、タレーランからの5月12日付の手紙を受け取ったアダムズはアメリカの使節が適切に受け入れられることを確信した（see → 128頁、巻末史料7[7]）。さらに10月1日に帰国したゲリーも、フランス政府が7月31日に西インド諸島での私掠船を認める法令を撤廃したこと、中立国の船舶を尊重するように命じたこと、そして、タレーランがボーマルシェ、ホッティンガ、ベラミー、オートヴァルの4人の行いを与り知らないと弁明していることをアダムズに伝えた。アダムズは必要のない戦争を行う気はまったくなかった。「現時点でフランス軍を天国よりもここで目にする見込みはまったくないだろう」とアダムズは述べている。そして、そうしたアダムズの見込みはホレーショ・ネルソン Horatio Nelson（1758. 9. 29-1805. 10. 21）提督がフランス海軍を打ち破ったことでより現実的になった。

　こうしたフランスの対米姿勢の変化を読み取ったアダムズはフランスに対する態度を和らげた。しかし、閣僚達はさらにアメリカからフランスに使節を派遣することは屈辱であり受け入れられないと考え、フランスが使節をアメリカに派遣するべきだという意見で一致していた。1798年12月8日、アダムズは議会でアメリカが平和を欲するとともに防備を固める必要があると説いた。アダムズは戦争の準備を継続する一方で、平和への扉も開けたのである（see → 129頁、巻末史料7[8]）。閣僚の意見に反してアダムズは、1799年2月18日、誰にも諮ることなくウィリアム・ヴァンズ・マレー William Vans Murray（1760. 2. 9-1803. 12. 11）を特使としてフランスに派遣するように上院に承認を求めた（see → 130頁、巻末史料7[9]）。マレー派遣案への強い反対を知ったアダムズは、詳細な指示を与えたうえで3人を派遣する上院の案を受け入れた。その結果、マレーに加えてパトリック・ヘンリー Patrick Henry（1736. 5. 29-1799. 6. 6）とオリヴァー・エルズワースが特使として指名された。病気を理由にヘンリーが就任を断ったので代りにウィリアム・デイヴィー William Richardson Davie（1756. 6. 20-1820. 11. 29）が指名された。この特使派遣の決断は、大統領としてのアダムズの業績の中でも最も大胆な決断であったが、同時に連邦派の支持を失わせる結果をもたらした。

アダムズと閣僚は特使に与える指示の内容について同意に至ったが、ブルボン王朝の復活が近いと考えていた閣僚は、アダムズの不在を利用して特使の出発を先延ばしにした。10月10日、アダムズは黄熱病の流行で臨時に政府機能が移されていたトレントン Trenton に到着した。そこでアダムズは、特使がまだフランスに出発していないのを知った。ハミルトンがアダムズを訪問し、フランスへ特使を送ることに反対した。15日の閣議でアダムズは閣僚の反対を押し切って、翌日、11月1日までに出発するように特使に命じた。結局、特使は11月15日にフランスに向けて出発した。こうしたアダムズの決断はピカリングやマクヘンリーに不満を抱かせる原因になった。

使節団は1800年3月2日にパリに到着した。そして、3月7日、ナポレオン Napoléon Bonaparte（1769.8.15-1821.5.5）から歓迎を受けた。1800年9月30日から10月1日にかけて行われた米仏協定 Convention of 1800 によって擬似戦争が終結した。10月3日に調印された協定によりアメリカとフランスは次のような合意に至った。協定は平和的解決である。お互いに差し押さえた資産を元の持ち主に返却する。通商に特別な規制を課さない。フランスは貿易において最恵国待遇を与えられる。輸出入禁止品目を明確に規定する。1月21日、アダムズは上院に協定に関する報告を行った。こうした合意について上院は討議し、1801年2月3日、22票対9票で3つの条件付きで批准した（see → 130頁、巻末史料 7[-10]）。

ワシントン D.C. に首都移転

新首都の命名

アダムズが大統領に就任した当時、アメリカの首都はフィラデルフィアであった。現在のホワイト・ハウスもまだ完成しておらず、当時の大統領官邸はフィラデルフィアのロバート・モリス邸 Robert Morris House であった。

1790年7月16日、議会は暫定首都をフィラデルフィアに移転させた後に恒久的な首都を建設する案をすでに承認していた。そして、移転の完了日は1800年12月の第1月曜日までとすると定められた（see → 130頁、巻末史料 7[-11]）。また1791年9月には、恒久的な首都を「ワシントン」と命名することも決定された。その都市計画に、フリーメイスンリーを象徴するコンパスと直角定規が埋め込まれているという説があるが明確な根拠はない。

大統領官邸の建設

大統領官邸の建設が始まったのは1792年10月13日であり、ワシントンの在任中

には完成しなかった。完成には8年の歳月とおよそ24万ドルの費用を要した。現在では大統領官邸はホワイト・ハウスと呼ばれているが、当時はまだそう呼ばれていなかった。ワシントンD.C.の都市計画を提案したフランスの建築家ピエール・ランファンPierre Charles L'Enfant（1754.8.9-1825.6.14）は、大統領官邸を「大統領宮殿President's Palace」と呼ぶように勧めたが、ワシントンは単に「大統領官邸President's House」と呼ぶように定めた。

ホワイト・ハウスと一般に呼ばれるようになったのはその白塗りの外観による。1798年に外壁ができた時に凍結防止のために石灰を含んだ水漆喰が塗布されたことが始まりである。大統領官邸が「ホワイト・ハウス」と呼ばれた初出は、1810年11月22日の『ボルティモア・ホイッグ紙Baltimore Whig』であり、ホワイト・ハウスが公式名称として採用されたのはさらに後の1901年のことである。1812年戦争War of 1812の戦火にあって修復した後に白く塗ったのでホワイト・ハウスと呼ばれるようになったという説もあるが、上述の通り、その前から大統領官邸はホワイト・ハウスと呼ばれていた。

大統領の入居

1800年10月15日にマサチューセッツを発ったアダムズは、11月1日、ワシントンの大統領官邸に入居した。それよりも前の6月3日にもアダムズはフィラデルフィアからワシントンを訪問しているが、まだ大統領官邸は工事中であった。そのため11月に入居した後も実際に使用できた部屋はわずかに6部屋に過ぎなかった。隙間風が入る大きな部屋を十分に暖めることもできず、漆喰も完全に乾いていなかった。屋内便所は無く、水も5ブロック先の広場から運んでこなければならなかった。アビゲイルは洗濯物を建築中のイースト・ルームに干していたという。このように大統領官邸が未完成にもかかわらず、アダムズは大統領執務室（現在のブルー・ルーム）で、ワシントンに倣い「大統領の接見会levée」を催している。

1800年11月2日に大統領官邸から初めてアビゲイルに送った手紙の中でアダムズは、「この官邸と今後、住まうであろうすべての者達に神が大いなる恩恵を賜らんことを。願わくは永久に、実直で懸命な者以外の何人たりともこの家を占めないように」と記している。この言葉は、後にフランクリン・ローズヴェルトFranklin Delano Roosevelt（1882.1.30-1945.4.12）大統領によってステート・ダイニング・ルームのマントルピースに刻まれた。

11月22日、議会は初めてワシントンで開かれた。アダムズは演説で「政府の恒久

的な座で議会が開会されたことを合衆国人民は祝います」と述べた。

1800年の大統領選挙

　アダムズは現職大統領として、現職副大統領に敗れた唯一の大統領である。現代では選挙制度が改正されているので、そのような事態になることはない。

　ニュー・ヨーク州議会選挙の結果が判明しつつあった頃、ジェファソンはアダムズのもとを訪れた。ニュー・ヨーク州の帰趨は1800年の大統領選挙の結果を占う鍵であり、それゆえ、ニュー・ヨーク州議会選挙で連邦派が敗北したことは、すなわち大統領選挙でアダムズが敗北する公算が高いことを意味した。また連邦派の意向に反して擬似戦争を終結させたことで、連邦派の支持はほとんど望めなかった。民主共和派の攻撃に加えて連邦党の中心人物であるハミルトンも10月の終わりに54ページからなる「合衆国大統領ジョン・アダムズ氏の公的行為と性格に関するアレグザンダー・ハミルトンからの書簡 A Letter from Alexander Hamilton, Concerning the Public Conduct and Character of John Adams, Esq., President of the United States」を発表してアダムズを攻撃した。さらに、アダムズに直接の責任はないものの、多くの人々が外国人・治安諸法を悪法と見なすようになっていた。

　アダムズはジェファソンに向かって「今回の競争であなたは私を負かすことになりそうだと分かったうえでのことですが、私はあなたに対して忠実でありたい。あなたが私に対してそうであるように」と言った。それに対してジェファソンは、「今回はあなたと私の個人的な競争ではないのです。政治問題に関して主義の異なる2つの組織が、わが国民を2つの政党に分けているのです。これらのうち一方はあなたと、そしてもう一方は私と意見を同じくしています。我々は今生きている人物の中でも最も長く公の場にいたので、我々の名前は一般によく知られています。これらの政党の一方が、あなたの名前をその頭に冠するのであれば、もう一方は私の名前をその頭に冠するでしょう。もし我々が今日死ねば、その機能を全く変えることなく、明日には我々の名前があったところに2つの別の名前があるでしょう。その動きは、あなたから生じるわけでも私から生じるわけでもなく、主義の違いから生じるのです」と答えた。ジェファソンの答えに満足したアダムズは、「我々は受身の器に過ぎず、この問題を我々の個人的な感恩に影響を及ぼすものとして考えるべきではないという点についてあなたが正しいと思います」と述べたという。

　その後、大統領選挙で、アダムズが敗れた一方で、ジェファソンとバーが同じ票数

を獲得したことが判明した。エルブリッジ・ゲリーに宛てた12月30日付の手紙でジェファソンについては「何の驚きもない」と述べながらも、バーについては「可燃性の気体で満たされた気球が頭上で膨らむようにこの狡猾な紳士がのし上がるのを見れば年老いた愛国者は屈辱に思うでしょう」と述べている。アダムズは三権分立の原則を守るために下院における決選投票に何ら影響力を行使しなかった（see→130頁、巻末史料7-12）。

連邦下院で決選投票が行われたが、なかなか結果が出なかった。そのため連邦下院議長に大統領の職務を代行させる案が浮上した。ジェファソンはその案に対してアダムズに拒否権を行使するように求めた。しかし、アダムズは、「選挙の成り行きはあなたの手の内にあります。世間の信頼に応えられるように公正であるように努め、海軍を維持し、職務を遂行している者を妨げることがないとあなたは言うことができるだけですが、そうすれば政府はもうすぐあなたの手に帰すことになるでしょう。我々はそれが国民の願いであることを知っていますし、なるようになるでしょう」と答え、事態に介入することを断った。

真夜中の任命

かねてよりアダムズが提案していた裁判所法案が、1801年2月13日、成立した（see→130頁、巻末史料7-13）。1801年裁判所法 Judiciary Act of 1801である。同法は、最高裁判事の数を6人から5人に減らした一方で、16の巡回裁判所を設置することを規定している。その結果、新たに多くの公職が任命されることになった。アダムズは司法府に立法府と行政府に対抗できるだけの力を与えようと考えたのである。アダムズは大統領としての最後の夜の3月3日に、連邦派の影響力を残しておこうと夜を徹して判事を任命したと噂された。こうした任命は「真夜中の任命 midnight appointments」と呼ばれた。確かに、任期末の数週間でアダムズは多くの任命を行ったが、3月3日に任命した判事は噂とは異なりわずか3人である。

しかし、アダムズの努力も甲斐なく、1802年に1801年裁判所法は廃止され、こうした任命は無効になった。しかし一方でアダムズが最高裁長官に任命したマーシャルは、強固な連邦派として34年間もその職にとどまり、連邦最高裁による違憲立法審査権を確立した。

その他の内政

新たに設けられた準州

1798年4月7日、ミシシッピ準州が設けられた。次いで1800年5月7日、インディアナ準州（現インディアナ州、イリノイ州、ウィスコンシン州に加えミネソタ、ミシガン両州の一部）が設けられた。

1800年公有地法

1800年5月10日、1800年公有地法 Land Act of 1800 が制定された。開拓者を引き付けるために1796年公有地法 Land Act of 1796 と比べて最小分譲面積が320エーカー（約128ヘクタール）に引き下げられた。しかし、そうした措置は土地投機を過熱させる結果をもたらした。

議会図書館創設

1800年4月24日、議会図書館の創立が決定された。図書の購入予算として5,900ドルが認められ、740冊の書籍と3舗の地図が注文された。

黄熱病の流行

1798年夏、黄熱病の流行によりフィラデルフィアから4万人の住人が疎開した。フィラデルフィアだけで3,000人あまりの命が失われた。

第2回国勢調査

1800年の第2回国勢調査による公式人口は次の通りである。総人口は531万458人で89万4,452人の奴隷と10万4,335人の自由黒人を含む。

その他の外交

ローガン法の制定

1799年1月30日、ローガン法 Logan Act が制定された。同法はアメリカ政府に反するような形で個人が外国政府と交渉するのを禁じる法律である。

サント・ドミンゴの反乱を支援

1797年、トゥサン・ルベルチュール Toussaint L'Ouverture（1743.5.20-1803.4.7）がフランスからの独立を宣言した。1798年11月6日、トゥサンはアダムズにサント・ドミンゴの港湾を開き、アメリカの海軍を尊重し、同盟を結ぶことを申し出た。それに応じてアダムズはサント・ドミンゴにアメリカ海軍を送り、2月9日に通商を開く法案を通過させた。さらに武器弾薬を送り、独立を支援した。

バーバリ諸国への対応

1800年9月、アダムズは、アルジェに貢納金を渡すためにフリゲート艦ジョージ・ワシントン号 George Washington を地中海域に派遣した。10月20日、貢納金を受け取ったアルジェ太守はさらに、アルジェの使節団をスルタンのもとまで送り届けるようにジョージ・ワシントン号の艦長に要求した。アメリカ船舶が攻撃されることを恐れて艦長は止むを得ず太守の要求に従った。

8．副大統領／閣僚／最高裁長官

副大統領

トマス・ジェファソン（在任 1797.3.4-1801.3.4）
『トマス・ジェファソン伝記事典』を参照のこと。

国務長官

ティモシー・ピカリング（在任 1795.12.10-1800.5.12）
ティモシー・ピカリングの経歴については、『ジョージ・ワシントン伝記事典』、8．副大統領／閣僚／最高裁長官、郵政長官、ティモシー・ピカリングを参照のこと。

ピカリングはワシントン政権に引き続いて国務長官職に留まった。ピカリングは擬似戦争に際して、イギリスと軍事同盟を結ぶべきだと考えていた。ハミルトンに傾倒していたピカリングは、アダムズがフランスへの特使派遣を決定した際に強硬に反対を唱えた。

アダムズは、陸軍長官マクヘンリーに続いて、ピカリングに自ら辞職するように要請したが、拒絶されたためにピカリングを免職せざるを得なくなった。国務長官が免職された史上唯一の事例である。1800年の大統領選挙でピカリングはアダムズの再選阻止に一役買った。

免職後、ピカリングはペンシルヴェニア州西部の土地開発に乗り出したが途中で放棄した。その後、1803年から1811年まで連邦上院議員を務め、1813年から1817年までは連邦下院議員を務めた。

ジョン・マーシャル（在任 1800.6.6-1801.2.4）
ジョン・マーシャル John Marshall（1755.9.24-1835.7.6）はヴァージニア植民

地ジャーマンタウン Germantown 近郊の農園主の長子として生まれた。父トマス Thomas Marshall は土地の有力者で治安判事や植民地議会議員を務めている。母はヴァージニア植民地の名家であるランドルフ家の出である。母系を通じてマーシャルとトマス・ジェファソンは近縁関係にあたる。マーシャルは14歳の頃、1年間学校に通った他は、主に家庭でラテン語や古典の教育を受けた。また父の導きによりイギリスの文学と歴史に親しんだ。ヴァージニア植民地の上流階層では、それは珍しいことではなかった。

独立戦争が勃発すると、郡の民兵隊の将校になり、ブランディワイン川の戦い Battle of Brandywine Creek、ジャーマンタウンの戦い Battle of Germantown、モンマスの戦い Battle of Monmouth などに参戦した。1777年から翌年にかけてヴァリー・フォージ Valley Forge の厳冬も体験している。1780年、マーシャルはウィリアム・アンド・メアリ大学 College of William and Mary で法と自然哲学を学んだ。

独立戦争後、弁護士として活躍したマーシャルは、1780年代の終わりまでに法曹界の中でも抜きん出た存在になっていた。1782年、ヴァージニア邦議会議員に選出された。合衆国憲法批准を推進した。この頃、マーシャルはすでに司法府が憲法に違反する法律に対して無効を宣言できることを示唆している。それはマーシャルが早くから違憲立法審査権の概念を持っていたことを表している。

合衆国憲法の下、新政府が発足した際に、議員への出馬や司法長官、もしくは最高裁判事への就任を勧められたがマーシャルはすべて断った。経済的に恵まれた弁護士業を中断する余裕がなかったからである。ヴァージニア州の連邦派の指導者の1人としてマーシャルは、革命フランス政府の駐米公使ジュネに対する告発を主導した。ジュネがアメリカの中立を侵害する数多くの行為を止めようとしなかったからである。マーシャルはワシントンの中立政策だけではなく、ジェイ条約についても条約の正当性を訴え、ワシントン政権を強く支持した。

1797年、ジョン・アダムズはマーシャルをフランスとの調停を図る特使の1人に任命した。いわゆるＷＸＹＺ事件のために交渉は失敗に終わった。1798年6月に帰国したマーシャルは一躍、時の人となっていた。当時を代表する「防衛に大金をかけろ、賄賂には一銭たりとも使うな」という言葉はマーシャルを迎える晩餐会で唱えられた。その後、連邦下院議員を務めたが、国務長官就任に伴い辞職した。

国務長官としてマーシャルは、独立前の負債に関するイギリスとの交渉を進めた。職務を行う傍ら、アダムズの信頼できる助言者として貢献し、年次教書の草稿も書いた。

財務長官

オリヴァー・ウォルコット（在任 1795.2.3-1800.12.31）

オリヴァー・ウォルコットの経歴については、『ジョージ・ワシントン伝記事典』、8．副大統領／閣僚／最高裁長官、財務長官、オリヴァー・ウォルコットを参照のこと。

ウォルコットは国務長官ピカリング、陸軍長官マクヘンリーとともにハミルトンの影響下にあった。ピカリングとマクヘンリーが更迭された一方で、アダムズに信頼されていたウォルコットは更迭を免れた。しかし、ウォルコットは、ハミルトンがアダムズを攻撃する文章を書くために秘かにさまざまな情報を流していた。1800年11月、チャールズ・コッツワース・ピンクニーがアダムズの代わりに大統領に当選するという目論見が外れると、ウォルコットは辞職を願い出た。アダムズはそれを「しぶしぶと残念に」思いながら承諾した。

1801年裁判所法 Judiciary Act of 1801 に基づいて新たな判事を選ぶ際に、アダムズはウォルコットを第2管区の判事に選んだ。しかし、後に1801年裁判所法が廃止されたために失職した。ウォルコットは実業に携わった後、1810年に合衆国銀行ニュー・ヨーク支店の理事会に加わった。合衆国銀行の特許が失効した後、アメリカ銀行 Bank of America の設立を主導し、総裁に就任した。1817年にはコネティカット州知事選挙で辛うじて勝利を収めた。1818年の州憲法修正では大きな影響を及ぼした。また州税制の改革に貢献した。1827年の知事選挙において僅差で敗れたウォルコットは公職を退いた。

サミュエル・デクスター（在任 1801.1.1-1801.5.13）

サミュエル・デクスターの経歴については、陸軍長官、サミュエル・デクスターを参照のこと（see → **69**頁）。

陸軍長官から財務長官に異動した。アダムズ政権が終わりを迎える頃、外交官就任を打診されたが断っている。後任に職を引き継ぐまで留任した。

陸軍長官

ジェームズ・マクヘンリー（在任 1796.1.27-1800.5.13）

ジェームズ・マクヘンリーの経歴については、『ジョージ・ワシントン伝記事典』、8．副大統領／閣僚／最高裁長官、陸軍長官、ジェームズ・マクヘンリーを参照のこと。

マクヘンリーは陸軍の改組に着手した。フロンティアの軍管区を再編成し、軍隊生

活の規則を整えた。さらに兵器工場の発展を促進し、省内の財政管理を一手に握った。しかし、アダムズは、陸軍増強を抑えようと考えていたのでマクヘンリーの構想にほとんど協力しなかった。

対仏関係の悪化により臨時軍の創設が検討された際に、マクヘンリーは、アダムズの意思に反してハミルトンを軍の次位に置くように働きかけた。これはアダムズにとって侮辱に他ならなかった。さらにアダムズが擬似戦争を終結させるために特使派遣を決定した時に、ピカリングとともにそれに強く反対した。1800年5月5日、アダムズはマクヘンリーを呼び出し、ハミルトンと通謀していると面罵した。翌日、マクヘンリーは辞表を提出し、13日に辞任が確定した。その後、マクヘンリーが公職に就くことはなかった。

サミュエル・デクスター（在任 1800.5.13-1800.12.31）

サミュエル・デクスター Samuel Dexter（1761.5.14-1816.5.4）はボストンの商家に生まれた。1781年、最優等でハーヴァード・カレッジを卒業した。1784年、マサチューセッツ邦ウスター郡 Worcester County の法曹界に加入した。1788年にはマサチューセッツ州下院議員に当選した。さらに1799年、マサチューセッツ州選出連邦上院議員になった。陸軍長官に指名され上院議員を辞職した。陸軍長官を経て財務長官に異動した。

司法長官

チャールズ・リー（在任 1795.12.10-1801.2.18）

チャールズ・リーの経歴については、『ジョージ・ワシントン伝記事典』、8．副大統領／閣僚／最高裁長官、司法長官、チャールズ・リーを参照のこと。

強固な連邦派であったリーは、外国人法・治安諸法の制定を推進し、フランスとの和解に反対した。しかし、他の連邦派の閣僚とは違ってアダムズに忠実であった。ピカリングが免職された後、一時期、国務長官の職務も代行した。アダムズはいわゆる「真夜中の任命」でリーを第4管区の首席判事に任命した。しかし、1801年裁判所法の廃止に伴い、リーは失職した。失職後、弁護士業に従事し、1807年にはリッチモンドでアーロン・バーの弁護も務めた。

郵政長官

ジョゼフ・ハーバーシャム（在任 1795.7.1-1801.11.2）

ジョゼフ・ハーバーシャムの経歴については、『ジョージ・ワシントン伝記事典』、8．副大統領／閣僚／最高裁長官、郵政長官、ジョゼフ・ハーバーシャムを参照のこと。

ハーバーシャムは初代郵政長官サミュエル・オズグッドの計画を受け継いで、郵便網を1,875マイル（約3,000キロメートル）から2万817マイル（約3万3,307.2キロメートル）に延伸し、郵便局を75ヶ所から903ヶ所に増やした。また公用郵便馬車の試験的運用も行った。

海軍長官

ベンジャミン・ストッダート（在任1798.6.18-1801.3.31）

ベンジャミン・ストッダート Benjamin Stoddert（1751-1813.12.17）はメリーランド植民地チャールズ郡 Charles County のタバコ農園主の子として生まれた。フィラデルフィアの商家で徒弟として働いた後、1777年、ペンシルヴェニア連隊 Pensylvania Regiment の大尉となった。ブランディワイン川の戦いで負傷した。後にネイティヴ・アメリカンとの戦闘で表彰される。1779年、戦争・軍需品局の書記官となり、1781年まで同職に留まった。タバコの売買や不動産取引に従事し財を成した。ワシントンが土地を購入する手助けも行った。その土地は後に政府に譲渡され、ワシントンD.C.の一部となった。

海軍省が新設されるにあたり、国務長官ピカリングの推薦で長官に指名された。新設当時、海軍省はわずかに10人ばかりの職員しかおらず、管理すべき艦船もろくにないありさまであった。ストッダートは議会に12隻の砲艦、12隻のフリゲート艦、そして2、30隻の小型船の建造を提案した。ストッダートの指揮の下、合衆国海軍は約50隻の艦船、1,044砲門、7,600人の人員を抱えるまでに拡張された。アダムズはストッダートに広範な自由裁量を認めていた。擬似戦争に際しては、84隻のフランス船舶を拿捕する一方で、150隻以上のアメリカ商船を解放した。ストッダートはアダムズに忠実であり、フランスへの特使派遣にも賛成した。また海兵隊創設の原案を起草した。政権交代後も任に留まった。

最高裁長官

オリヴァー・エルズワース（在任1796.3.8-1800.12.15）

オリヴァー・エルズワースの経歴については、『ジョージ・ワシントン伝記事典』、8．副大統領／閣僚／最高裁長官、最高裁長官、オリヴァー・エルズワースを参照の

擬似戦争の際に、エルズワースは特使の1人としてフランスに赴き、1800年の米仏協定 Convention of 1800 に参加した。帰国後、エルズワースは連邦職から退き、亡くなるまでコネティカット州上院議員を務めた。

ジョン・マーシャル（在任 1801.2.4-1835.7.6）

ジョン・マーシャルの経歴については、国務長官、ジョン・マーシャルを参照のこと（see → 66 頁）。

オリヴァー・エルズワースの退任に伴い、アダムズは最初、ジョン・ジェイを最高裁長官に再指名しようとした。しかし、ジェイがそれを断ったために、アダムズはマーシャルを最高裁長官に指名した。マーシャルはジョン・アダムズ政権を皮切りに、ジャクソン政権第1期まで5代の大統領にわたって在職した。在職期間は34年5ヶ月に及び歴代最高裁長官で最長であり、「偉大なる最高裁長官」と呼ばれている。

9．引退後の活動／後世の評価

9．1　引退後の活動

郷里に隠棲

1801年3月4日早朝、1800年の大統領選挙で敗北したアダムズは後任者の就任式に出席することなく郷里のクインジーに向けて出発した。ジェファソンの大統領就任式に欠席した理由をアダムズは説明していない。しかし、ジェファソン政権が始まる前の1月31日に、駐普アメリカ公使を務めていた息子ジョン・クインジーの任をアダムズ自ら解いていることから、就任式を欠席した理由は窺い知れる。再選を果たせなかったアダムズはおそらく自尊心をいたく傷付けられ、ジェファソンによって息子が解任されるくらいなら、自分の手で解任したほうがましだと考えたようである。就任式を欠席したのも同様の理由だと思われる。ただ3月24日にジェファソンに宛てて「静かで順調な政権運営」を祈るという手紙を送っている。歴史家マイケル・ベシュロス Michael Beshloss は、「敗北にがっかりしたために後継者の宣誓に立ち会うのを拒んだのだろう」と論じている。

アダムズはいかなる時でも独立心を失わず、自ら党派人になることを拒否してい

た。ジェファソンはアダムズを「彼は自尊心が強く、かんしゃくもちで、人びとを支配している動機のもつ力とその効果を正しく計算できないのである。これが彼の欠点のすべてであるといっていいだろう」(高橋健次訳)と評している。

　アダムズは郷里でアビゲイルとともに農園の管理に勤しんだ。農園は3つの地所からなり、合計で600エーカー（約240ヘクタール）の広さであった。アダムズは息子チャールズの寡婦とその遺児や親戚などを迎え入れたので農園には常に20人程度の人が暮らしていた。ジョン・クインジーの助言でアダムズ夫妻は1万3,000ドルをロンドンの銀行に投資した。しかし、1803年にその銀行は倒産した。ジョン・クインジーは責任を感じ、ボストンの家を売り、自分のお金を引き出して穴埋めした。

　アダムズはその時間の多くを農園で過ごし、読書や自伝の執筆に精を出したが、時折、ボストンやケンブリッジに出かけることもあった。朝の5時か6時に起きて、石壁を積み、海藻を肥料としてまいた。白内障によって視力が衰えると、アダムズは孫や一族に本を音読させた。アダムズの知的探究心は最後まで衰えることはなかった。健康も晩年まで衰えず、毎日3マイル（約4.8キロメートル）を歩くことを日課にしていたという (see→131頁、巻末史料9[-1])。

数々の批判に応える

　アダムズの親類のウィリアム・カニンガム William Cunningham がジェファソン大統領を攻撃する材料を求めた時、アダムズはそれを拒んだが、「私は彼に悪意がないことを願う。彼の行いが祖国にもたらすかもしれない災厄について身震いする。[ジェファソンは] 異常な野心を持っていて真摯さに欠けている」と述べている。とはいえ、1804年の大統領選挙ではマサチューセッツ州の選挙人としてジェファソンに票を投じている。アダムズは「政権に組織的に反対したり、その性質をこき下ろしたり、すべての方策に反対するよりも、正しくても誤っていようとも、公正にできる限りすべての政権を我々は支持すべきだ」と考えていた。

　1806年、女流作家マーシー・ウォレン Mercy Otis Warren (1728. 9. 14-1814. 10. 19) は3巻からなる『アメリカ革命の勃興、進歩、そして終結の歴史 History of the Rise, Progress, and Termination of the American Revolution』を上梓した。その中でウォレンは、アダムズを虚栄心が強く野心的な人物であり、ヨーロッパに滞在している間に共和主義から君主制支持に鞍替えした腐敗した人物であると酷評した。「揺りかごから今に至るまで、腐敗の例となるものがあったかどうかについて、人類

全体、そして天使にも悪魔にも私は異議を申し立てたいと思います」とアダムズは自らウォレンの批判に答えている。

1809年、アダムズは『ボストン・パトリオット紙 Boston Patriot』に自政権に関する弁護を掲載し、1800年の大統領選挙、ピカリングの罷免、ＷＸＹＺ事件、フランスへの特使の派遣などについて説明し、その中で「ハミルトン氏によって悪賢く暗い陰謀と公然たる反抗が行われていた」と記している。

さらに1814年、ジョン・テイラー John Taylor (1753. 12. 19-1824. 8. 21) の『合衆国政府の諸原理と諸政策に関する研究 An Inquiry into the Principles and Policy of the Government of the United States』に関しても32通もの手紙を送っている。テイラーが同書で『擁護論』を批判していたためである。これらの手紙は晩年のアダムズの政治的見解を知る貴重な手掛かりである（see → 131頁、巻末史料9^{-2}）。

時事に対する提言

引退後、アダムズは公的な場面に姿を現すことはほとんどなかったが、言論の場では自らの意見を表明している。1807年のチェサピーク号事件 Chesapeake Affair の際には、「1807年10月16日のイギリス国王の宣言の受け難い原理 Inadmissible Principles of the King of England's Proclamation, October 16, 1807」と題する一文を書いている。アダムズは、強制徴用の撤廃を求めるジェファソン政権の方針を支持し、「外国に帰化したすべての者、もしくは、民間のものであれ、公的なものであれ、政府、商人、農夫、製造業者と何らかの契約を交わす者は、彼らの契約または義務を果たすまで［母国に］戻る権利はない。合衆国大統領は同様の宣言を出す法的権限を持ち、それらはアメリカ市民によって、また地球上すべての場所で尊重される」と述べている。そして、正当な契約なしで中立国の船舶から強制徴用を行う法的根拠は全くなく「中国や日本の法律がアメリカの船舶に対して法的拘束力を持たないのと同じく、イギリスの法律もアメリカの船舶に対して法的拘束力を持たない」と断言している。

またマディソン政権についてアダムズはジェファソンに向かって「1,000の欠点や間違いがあったとしても、彼の政権はワシントン、アダムズ、そしてジェファソン、すべての3人の前任者をあわせたよりも統一を確立し栄光を獲得しました」と評価している。

1817年7月7日、モンロー大統領がクインジーのアダムズのもとを訪れ会食している。同年8月18日には、息子ジョン・クインジーがヨーロッパから帰還し、8年振りにクインジーを訪れた。その時、ジョン・クインジーは国務長官就任が決まっていた。1819年にジョン・クインジーがアダムズ＝オニス条約 Adams-Onís Treaty の締結に成功したのを聞くと、「すべての予測を越えている」と絶賛したという。

アダムズは85歳になっても馬に乗ることができ、農園を見て回り、町まで3マイル（約4.8キロメートル）の距離を歩いたりした。食欲も盛んであった。

息子の大統領就任を見届ける

1820年、アダムズはマサチューセッツ州の15人の大統領選挙人団の一員としてモンローに票を投じた。同年、ボストンで開催されたマサチューセッツ州憲法修正会議にクインジーの代表として参加した（see → 132頁、巻末史料9^{-3}）。アダムズは信教の自由を盛り込むように求めたが実現しなかった。アダムズは神の前では誰もが平等であり、神への信仰は自由でなければならないと信じていた。

1820年に成立したミズーリ協定 Missouri Compromise についてアダムズは「奴隷制が国に生み出しかねない災厄」について心配している。黒人が白人を殺し、白人が黒人を殺すような人種闘争が起こらないかとアダムズは危惧していた。奴隷に対して人道的な扱いをするべきであり、これ以上、奴隷制を拡大させてはならないとアダムズは考えていた。そのためミズーリ州が奴隷州として認められることに「完全に反対」していた。

1821年8月14日、200人の士官候補生がニュー・イングランドを訪れ、ボストンからアダムズの家まで行進した。アダムズは彼らに朝食を振舞った。そして彼らの前で演説を行った。最後に士官候補生1人ひとりと握手を交わした。

1824年8月29日、アダムズはラファイエットの表敬訪問を受けた。独立戦争の英雄であるラファイエットは戦争後、母国フランスに帰国していたが1824年8月15日から1825年9月3日にかけてアメリカ各地を再訪して国民の熱狂的な歓迎を受けた。2人はともに戦った独立戦争の日々について語り合い、旧交を温めた。しかし、アダムズは後に「私が知っていたラファイエットではない」と語っている。ラファイエットもアダムズに対して同様に感じたようで「私が知っているジョン・アダムズではない」と述べている。ラファイエットはアダムズがほとんど椅子から立ち上がることも自ら食事もできない状態になっていることに気が付いた。ジョン・クインジーは

この頃の父の様子を以下のように記している。

「彼の視力はおぼろげで書くことも読むこともできない。彼は助けなしで歩くことができない。［中略］。彼は自分の状態に忍耐強く耐えているが、すべて見込みはないように思える。［中略］。彼は手紙を受け取ると返事を書きとらせる。おおむね彼の顕著な現在の状態は身体の力が衰えているが、精神的な能力はほとんど損なわれていない」

　ラファイエットの他にも若き日のラルフ・エマソン Ralph Waldo Emerson（1803.5.25-1882.4.27）がジョン・アダムズを訪問している。その時の印象をエマソンは「彼［アダムズ］は、年の割にはとても明瞭に話した。長い意見をもろともせずに語り始め、息継ぎで中断しながらも、一度も言葉を間違えず揺るぎ無い調子で結論に至る」と綴っている。

　1824年の大統領選挙ではアダムズがカニンガムに与えた手紙が息子ジョン・クインジーを攻撃する材料として使われた。それはアダムズとジェファソンの仲を裂くような内容であったが、ジェファソンはジョン・クインジー・アダムズを擁護した。ジェファソンはジャクソン Andrew Jackson（1767.3.15-1845.6.8）よりもジョン・クインジー・アダムズのほうが大統領に相応しいと考えていたからである。1825年3月4日、息子ジョン・クインジーが第6代大統領に就任した。当時89歳になっていたアダムズは身体が衰えていたために就任式に出席はしなかったものの、息子が自分と同じく大統領になる幸運に恵まれた。同様の例はブッシュ親子George Herbert Walker Bush（1924.6.12- ）・George Walker Bush（1946.7.6- ）のみである。しかし、アダムズは「大統領職を務めた者は、友人が大統領になったからといって祝うことはない。大統領職は1人の男を不快にさせ、彼が与えようとするすべての官職について100人の敵を作る」と手紙の中でジョン・クインジーに向けて述べている。

　1825年早秋、大統領になったジョン・クインジーは父のもとを訪れている。2人が何を話し合ったのかは分かっていない。しかし、これが最後の別れとなることはお互いに分かっていたようである。

永遠のライバルにして理解者

神の恩寵である偶然の一致

1826年6月30日、独立50周年記念を前にしてアダムズは町の代表達からの表敬

訪問を受けた。アダムズは「独立よ、永遠なれ」と言ったという。何か付け加えることはないかと聞かれたアダムズは「一言もない」と答えた。7月1日、アダムズの体調は悪化し、ほとんど話すことができなくなった。

7月4日、アダムズは老衰による心疾患と肺炎により死の床に就いていた。今日が7月4日であることを知らされると「偉大な日だ。良き日だ」とはっきりと答えたという。数ヶ月前からアダムズの容態は悪化していたが、正午過ぎに「トマス・ジェファソンはまだ…」と言った。その後、「助けてくれ、子よ。助けてくれ」という言葉を最後に昏睡状態に陥った。そして、午後6時頃、死亡が確認された。

アダムズが死の床に就いていたまさにその頃、マサチューセッツ州クインジーからはるか南に離れたヴァージニア州モンティチェロ Monticello で、ジェファソンも死の床に就いていた。実は、ジェファソンはアダムズが亡くなる約5時間前に逝去していた。つまり、アダムズが「トマス・ジェファソンはまだ…（最後の言葉は不明瞭だが「生きている」という言葉であったと推定されている）」という言葉を発したまさにその頃にジェファソンは亡くなっていたのである。

これだけでも不思議な縁だが、さらにこの7月4日は、実は独立宣言調印50周年の記念日であった。独立宣言に署名した人々の中で、後に大統領になったのはアダムズとジェファソンの2人だけしかいない。その2人が記念すべき日に同時に亡くなったことは、アメリカの建国期が過ぎ去ったことを象徴する出来事であった。息子ジョン・クインジーは父とジェファソンが7月4日に亡くなったことを知って、そうした偶然の一致は、「神の恩寵の明確な印である」と記している。

アダムズの葬儀は7月7日にファースト・コングレゲーショナル教会 First Congregational Church で行われ、4,000人が参列した。アダムズの棺は礼砲が鳴り響く中、教会に運ばれ、夫人の傍らに葬られた。

両者の比較

アダムズとジェファソンは外見、育ち、気性に至るまで対照的であった。まず外見に関して、アダムズが丸い体形であったのに対してジェファソンは細長い体形であった。アダムズがほとんど禿げ上がっていたのに対して、ジェファソンは豊かな髪を持っていた。博識という点では似ていたが、アダムズが政治学に強いのに対して、ジェファソンは科学に強かった。農夫の子として慎ましい家庭に生まれ、奴隷を所有しなかったアダムズに対して、ジェファソンは富裕な大農園主の子として生まれ、数多くの奴隷に囲まれて暮らしていた。いわゆる生まれながらの土地貴族であった。ア

ダムズは書籍以外の物は必要以上に購入しなかったが、ジェファソンは嗜好に合うものを次々に買い続けた。気性については2人の日記の書き方にその違いがよく表れている。アダムズは日記に自分の気持ちをありのままに綴ったが、ジェファソンは個人的な日記を付けず事実を単に記録するようなことが多かった。さらにジェファソンは他人と表立って争うことを避けていた。できるだけ苦しみが少なくなるように人間は人生をおくるべきだとジェファソンは信じていたからである。一方でアダムズは、自分が正しいと思えば、どのような苦痛も衝突も意に介せず、自分の信念を主張することが大切だと考えていた（see → 132 頁、巻末史料 9[4]）。

両者のすれ違い

アダムズとジェファソンは現役当時、「その頃、ジェファソンはすべての政治的な問題に関して私と意見を同じくしたわけではないが、とても礼儀正しくそれを認めていた」とアダムズが述べているように、最初は仲が良かった。またジェファソンが一時的に議会を去った時も、「我々は君の精励と手腕を今、ここで必要としている」と帰還を促している。両者ともに独立宣言の起草に関わり、またヨーロッパで協力して外交活動にあたった。『擁護論』を受け取ったジェファソンは、フランスでそれを翻訳出版することをアダムズに勧めている。しかし、政治姿勢をめぐる対立が顕在化するにしたがって、その計画は立ち消えになったようである。

アダムズとジェファソンの政治思想の違いが明確になった契機は合衆国憲法制定である。当時、両者ともにヨーロッパに在留していたので憲法制定会議には参加していない。しかし、アダムズの著作は憲法制定会議の多くの参加者に親しまれていたことは間違いない。

アダムズとジェファソンは憲法について見解を述べた書簡を交換している。アダムズは外国の干渉を排除するためには強大な行政権力の樹立が不可欠であるとジェファソンに明かしている。ジェファソンは自らの考えをアダムズに対して明らかにしなかったが、政府の在り方に関してアダムズと異なった考えを持つことは明言している。

交流の再開

1800 年の大統領選挙でジェファソンがアダムズに勝利を収めて以来、両者の音信は途絶えていた。1811 年 12 月 25 日、両者の仲を取り持とうとしたベンジャミン・ラッシュ Benjamin Rush (1746. 1. 4-1813. 4. 19) に対して、アダムズは「私としては、彼［ジェファソン］に言うことは何もないが、彼が死ぬ時に、快適な天国へ旅立つことを望んでいる。まあ、私はできるだけ彼より遅れて天国に行きたいものだ

が」と答え、翌年1月にジェファソンへ手紙を書き送った。

これを契機に再び手紙の交換が始まった。デイヴィッド・マカルー David McCullough（1933.7.7-）はこの手紙の交換を「アメリカ史上、いや英語で書かれたものの中で最も素晴らしい交流の1つである」と評している。ジェファソンに宛てた1813年7月15日付の手紙の中でアダムズは「あなたと私は、お互いを説明する前に死ぬべきではありません」と伝えている。またジェファソンもアダムズの石膏製の胸像を自分の机の傍に飾っていたという。

アダムズとジェファソンの間で交わされた書簡は、当時の政治や社会、宗教に至るまで幅広い話題に及んでいる。アメリカの歴史の中で自分が果たした役割をお互いに確認しあった作業だと言うことができる。アダムズからジェファソンに宛てて109通、ジェファソンからアダムズに宛てて49通の手紙が送られている（see → 132 〜 134頁、巻末史料 $9^{-5}・9^{-6}・9^{-7}・9^{-8}・9^{-9}・9^{-10}・9^{-11}$）。

175年間破られなかった最長寿記録

アダムズの享年は90歳と247日であり、この長寿記録は、2001年まで175年間破られなかった。記録を破ったのはロナルド・レーガン Ronald Wilson Reagan（1911.2.6-2004.6.5）である。レーガンは2004年に93歳と4ヶ月で亡くなった。現在では、2006年12月に93歳と6ヶ月で亡くなったジェラルド・フォード Gerald Rudolph Ford（1913.7.14-2006.12.26）が最長寿記録を保っている。

アダムズはマサチューセッツ州クインジーのファースト・パリッシュ教会 First Parish Church に葬られた。なお後に息子のジョン・クインジーも葬られたので、同教会は2組の大統領夫妻がともに眠る唯一の墓所となっている。墓所の標識には「ジョン・アダムズ。独立宣言の署名者。マサチューセッツ州憲法の起草者。合衆国第2代大統領。1735年から1826年。ジョン・アダムズのアメリカ革命で果たした重要な役割に鑑みてこの標識は1900年に据えつけられた」とある。

9．2　後世の評価

同時代人による評価

1783年にジェファソンはアダムズを評して「アダムズは虚栄心が強く短気で人を支配する動機を悪く解釈するが、これがおそらく彼について言えるすべての悪弊だろう。彼を創った神と同じくらい公平無私であり、深遠な観点を持ち、世間に関する知識が必要な場合を除いて判断においては正確である」と述べている。またアダムズが民主政は無秩序に他ならないと言った時に「アダムズは自惚れ屋で疑い深く、頑固で非常にわがままだ」と言っている。しかし、アダムズの演説技量について、「我々を席から動かすような思想と表現の力」で弁じたと評したことがある。

マディソンは伝記執筆のための照会に応じた手紙の中で、アダムズについて「彼自身の着想を心の中に豊かに持ち、同時に教養を蓄えていたこと、そして祖国への熱烈な愛とともに、その独立の素晴らしい擁護者という美点を持つことは、彼の激しい気質に由来する熱情や移り気と彼の共和主義に入っている混ぜ物を最も激しく攻撃するに者よっても認められるでしょう」と述べている（see →134頁、巻末史料9-12）。

また孫のチャールズ・アダムズ Charles Francis Adams（1807. 8. 18-1886. 10. 21）は、「彼の目は、何らかの感情に駆られていなければ、優しく慈悲に満ちていて、ユーモラスな感じさえする。しかし、興奮した時、彼の目はその中で渦巻く精神の激しさを物語っていた。彼の物腰は、真面目な機会には堂々として立派であったが、非社交的というわけではなかった。彼は社交的な会話を楽しみ、時には大言壮語と彼が呼ぶようなことを話したがることもあった。［中略］。彼の怒りは、完全に引き起こされた場合、暫くは極めて荒々しいが、怒りが収まるとまるで悪い徴候はなかったかのようになる」と記している。

肯定的評価

アダムズに対する肯定的な評価としては、フランスとの全面戦争に陥ることなく、アメリカの中立政策を阻害する米仏同盟の解消に成功したという見方がある。アダムズ自身、「私の墓石に一番刻んで欲しいのは『1800年、フランスとの和平の責務を一身に担ったジョン・アダムズここに眠る』という銘文だ」と述べている。またアー

サー・M・シュレジンガー Arthur Meier Schlesinger（1888. 2. 27-1965. 10. 30）は、アダムズを「このような危機に臨んで、大統領として彼ほどの確固たる態度をとりうる者はまれであろう」と高く評価している。

1950年代、アダムズを保守主義の観点から見直す研究が盛んであったが、根本的な評価を改善するには至っていない。ピーター・ヴィレック Peter Robert Edwin Viereck（1916. 8. 5-2006. 5. 13）は、『保守主義——ジョン・アダムズからチャーチルまで Conservatism: From John Adams to Churchill』の中でアダムズの『擁護論』をアメリカの保守主義における7大著作の1つに挙げている。その一方で、クリントン・ロシター Clinton Rossiter（1917-1970）も「ジョン・アダムズの遺産 The Legacy of John Adams」と題する論稿の中で「政治思想の領域では、建国の父達の中でアダムズに優る者はいなかったし、私が思うに肩を並べる者もいなかった」と評価している。ハロルド・ラスキ Harold Laski もアダムズは「アメリカがかつて生み出した中で最も偉大な政治的思想家である」と評している。

アダムズ自身も、「バークのサークルにいたある紳士が、ワシントン将軍というのが世界で最も偉大な人物の名前であると言ったところ、『擁護論』3巻を読んだバークは『私もそう考えていたよ、ジョン・アダムズを知るまではね』と答えたという」と得意気に語っている。

エリザベス2世 Elizabeth II（1926. 4. 21- ）は「最初の［駐英］公使であるジョン・アダムズは、私の先祖であるジョージ3世によれば、『我々の間の古き良き性質とユーモア』の修復を助けるのが彼の願いであったということです」と述べている。

近年になってようやく一般にもアダムズの功績が知られるようになった。2002年にはデイヴィッド・マカルーによる『ジョン・アダムズ John Adams』がピューリッツァー賞を受賞している。さらに2008年には同作をもとにしたテレビ・シリーズが放映され高い評価を受けた。

根強い否定的評価

ジョゼフ・エリス Joseph J. Ellis（1943. 7. 18- ）は、「アダムズはアメリカ史の中で最も誤解され正しく評価されていない偉大な人物である」と評している。またジョン・ヒル John E. Hill は、「書店でちょっとした実験を試みよう。トマス・ジェファソンについての本の数とジョン・アダムズについての本の数を比べてみるとよい。主要な書店を最近回ったところ、私はジェファソンに関する本を24冊も見つけ

たのに、アダムズに関する本は1冊も見つけることができなかった」と述べている。

アダムズは大陸会議での活躍とヨーロッパにおける外交活動の実績は認められていたが、合衆国憲法制定以降、「時代遅れの貴族主義者」であり、政治的には「無能」と評されることが多かった。「無能」と評価される点は主に対仏関係の処理である。フランスとの和平を望んでいるのにもかかわらず、WXYZ事件を隠蔽しなかった。その結果、連邦派の反仏感情を煽ることになり、和平の実現が困難になったからである。さらに外国人・治安諸法という自由を制約する悪法を制定したという否定的な評価も下される。こうしたアダムズ評は非常に強い影響力をいまだに持っている。

またアダムズは政敵からしばしば貴族政や君主政を目指していると非難されている。確かにアダムズは民主政を標榜しているわけではなく、多数者による少数者の圧迫という民主政が内包する危険性を示唆している。そうした危険性を排除するために各階層の利害を反映させる仕組みを提唱したのである。

日本での評価

近年、『アメリカ連邦政府の思想的基礎：ジョン・アダムズの中央政府論』を著した石川敬史は「日本においては、アダムズ政権期に正面から取り組んだ研究は皆無である」と断言し、続いて「アダムズ政権が独立国家としてのアメリカ合衆国として、最初に内外の危機に相対した政権であることを考えるならば、この先行研究の少なさは異様なことであるように思われる」と指摘している。

総　評

アダムズはワシントンが持っていたような圧倒的なカリスマは持っていなかった。さらに民主共和派からも連邦派の主流からも非難されつつ政権を運営しなければならなかった。しかし、アダムズは憲法に定められた規定に忠実に従い、大統領が外交や国防といった分野でどのように職権を行使できるのかを示した。またワシントンが告別の辞で示唆しているように、党派抗争は外国からの干渉をまねき、内戦を誘発する可能性があった。それを避けるために党派抗争を抑制する独立した行政権力が必要であるとアダムズは考え、その信念に従って行動したと評価することもできる。

大統領制創始当初は、ワシントンあってこその大統領職であり、大統領職の機能はワシントンの資質と不可分であった。しかし、アダムズは、ワシントンのようなカリスマや党派によらなくても大統領職が独立して有効に機能する可能性を示した。アダ

ムズは、連邦派に区分されているものの、党派は「最大の悪弊」だと考えていたので超党派的な大統領として振舞った。アダムズは自ら信じるところに忠実であった (see → 134 頁、巻末史料 9[-13])。

しかし、そうしたアダムズの特質は 1800 年の大統領選挙でアダムズに敗北をもたらす一因となった。政府は人民の幸福追求を支援すべきだが、政治的指導者は支援を共同体全体に長期的な利益をもたらすことだけに限定すべきだと考えていた。そのため、時に指導者は公共の善のために人民の要望を受け入れない場合もあるというのがアダムズの信念であった。ダニエル・ブーアスティン Daniel J. Boorstin はアダムズ一族について、「この頑固さ——祖先のピューリタン達なら、強情な自尊心と呼ぶだろう——は、実際に彼らをステーツマン［政治家］とする助けとなったが、同時に、彼らを無能なポリティシャン［政治屋］とした」と評している。

ランキング

歴史学者のアーサー・シュレジンガーが 1948 年に歴史学者、政治学者、ジャーナリストに問い合わせて行った歴代大統領のランキング The Schlesinger Poll, 1948 によると、アダムズはクリーヴランド Stephen Grover Cleveland (1837. 3. 18-1908. 6. 24) に次いで偉大に近い大統領のカテゴリーに分類されている。1962 年に行われた調査 The Schlesinger Poll, 1962 では、クリーヴランドを抜いてトルーマン Harry S Truman (1884. 5. 8-1972. 12. 26) に次いで偉大に近い大統領に分類されている。

さらに 1968 年に、ゲイリー・マラネル Gary Maranell がアメリカ歴史家協会 Organization of American Historians のメンバーに問い合わせて行った調査 The Maranell Poll, 1968 では、アダムズはケネディ John Fitzgerald Kennedy (1917. 5. 29-1963. 11. 22) に次いで 10 位であった。

他にもシエナ研究機構 Siena Research Institute が行ったランキング調査でアダムズは 1982 年は 10 位、1990 年は 14 位、1994 年は 12 位、2002 年は 12 位、2010 年は 17 位と評価されている。個別の項目では 2010 年の調査において、品性でワシントンに次いで 3 位に評価されている。また政治専門ケーブル・チャンネル C-SPAN によるランキングでは 17 位である。

ロバート・マレー Robert K. Murray とティム・ブレシング Tim H. Blessing によるランキング The Murray-Blessing Rating, 1981 では、アダムズはリンド

ン・B・ジョンソン Lyndon Baines Johnson（1908. 8. 27-1973. 1. 22）、アイゼンハワー Dwight David Eisenhower（1890. 10. 14-1969. 3. 28）、ポーク James Knox Polk（1795. 11. 2-1849. 6. 15）、ケネディ、マディソン、モンロー、ジョン・クインジー・アダムズ、クリーヴランドとともに平均より上の大統領と評価された。また2000年11月に『ウォール・ストリート・ジャーナル Wall Street Journal』に発表されたランキング The Wall Street Journal Poll でもアダムズは平均より上の大統領として評価されている。

10. ファースト・レディ／子ども

10. 1　ファースト・レディ

アビゲイル・アダムズ

教養豊かな少女

少女時代

妻アビゲイル Abigail Quincy Smith Adams（1744. 11. 11-1818. 10. 28）は、マサチューセッツ植民地ウェイマス Weymouth で牧師のウィリアム・スミス William Smith（1707-1783）の次女として生まれた。母エリザベス Elizabeth Quincy Smith（1722?-1775）はブレインツリーの初期入植者の血を引いている。父方の曾祖母サラ・ボイルストン Sarah Boylston はマサチューセッツ湾植民地の中心的な家系に属していた。またサラの父トマス・ボイルストン Thomas Boylston（1615?-1653?）はジョン・アダムズの母方の高祖父にあたる。つまり、アビゲイルとアダム

ズはともにトマス・ボイルストンの玄孫である。アビゲイルの父ウィリアムはハーヴァード・カレッジを卒業し会衆派の牧師となり、ウェイマスの名士の1人として認められていた。

病弱のために学校に通うことができなかったアビゲイルは読書に熱中した。スミス家は多くの書籍を蔵していた。多くの人々がスミス家に立ち寄る様子はさながら文学サロンのようであった。そうした環境の中、アビゲイルはホメロス Hómêros（B.C. 8C ?-?）やキケロ Marcus Tullius Cicero（B.C.106. 1. 3-B.C.43. 12. 7）といった古典をはじめ、政治や神学の本まで読み漁っていたという。

その当時、アビゲイルのような女性は稀な存在であった。なぜなら、「獲得できる限りのすべての支援と利点が息子達に与えられる一方で、娘達は教養という点では完全に放置されていた」とアビゲイル自身が書いているように、その当時の女性はほとんど教育を受ける機会がなかったからである。またアビゲイルは自分の考えをためらわずにはっきり示す性格であった。当時の出来事や人々、日常生活に至るまでさまざまな事柄について描写したアビゲイルの書簡は、『アダムズ夫人の書簡集 Letters of Mrs. Adams』として1840年に公刊され高い評価を受けている。

ディアナとリュサンドロス

アダムズがアビゲイルに初めて会ったのは1759年夏頃である。その時、アダムズは9歳年下の少女に全く興味は抱かなかったようである。しかし、3年後、友人に誘われてアダムズはスミス家によく足を運ぶようになった。17歳になっていた少女は、詩や哲学、政治に関する造詣の深さでアダムズを驚かせた。アビゲイルは2人の心がまるで「同じ性質」のようだと語っている。一方で、アビゲイルは、アダムズが他人に下す評価が厳し過ぎ、それは傍から見ると傲慢に映ると忠告している。

アビゲイルとアダムズは、「ディアナ Diana［ローマ神話に登場する月の女神］」と「リュサンドロス Lysander［スパルタの政治家］」という筆名でさかんに手紙を交わした（see → 134・135頁、巻末史料 10^{-1}・10^{-2}）。古典や神話から名前を借りることは当時の風習であり、教養を示すためだけではなく、ピューリタン的な価値観から束縛されずに手紙を書くためでもあった。アビゲイルは後には「ポーシャ Portia［古代ローマの徳高き女性］」という筆名も用いている。

結婚生活と長い別離

結　婚

　1764年10月25日、マサチューセッツ植民地ウェイマスのスミス家で2人は結婚した。式は新婦の父スミス牧師が執り行った。新郎は28歳、新婦は19歳であった。2人の結婚生活は以後54年間も続いた。孫チャールズの回想によると、「アビゲイルは農園の管理や家族の財産管理に手腕を発揮し、アダムズが公的な生活の［経済的］負担によって破産することから免れさせた」という。

　アダムズにとってアビゲイルは「私の心を和らげ温める。そして私に慈愛の心を取り戻してくれる」存在であった。アビゲイルとの結婚によって、アダムズの心の中では辛辣な自己批評から円熟が芽生え始めた。

早くから独立を唱える

　独立戦争が勃発するとアビゲイルは戦火を身近に感じることになった。1775年6月17日、バンカー・ヒルの戦い Battle of Bunker Hill を遠くから目撃している。さらに1776年3月5日に「窓のがたがた鳴る音、家のみしみし震える音、そして24ポンド砲の絶え間ない咆哮」とアメリカ軍のボストン砲撃について記している。ボストンからの避難民をアビゲイルは自宅に招き入れた。物資の窮乏に耐えながら、徴発により人手が少なくなった農園の管理を続けた。この頃の様子をアビゲイルは「ボストンの住民の苦難は筆舌に尽くし難いものです」と綴っている。

　アビゲイルはアダムズに宛てた1775年11月12日付の手紙の中で「別離しましょう。彼ら［イギリス人］は私達と同胞でいるのに値しません。彼らとの関係を絶ちましょう。これまでのように繁栄と幸福を彼らに懇願せずに、神が彼らの目論見を挫かれ、彼らのあらゆる企みを無に帰されるように願いましょう」と語っているように早い段階から独立に賛成していた。さらに1775年11月27日付のアダムズに宛てた手紙の中では、「［イギリス］政府の支配は遂に消えていくでしょう。社会の平和や安全にそれが必要であるとしても、人々が抑圧に黙って従っているとは思えません。もし私達がイギリスから分離すればどのような法体系が編まれるのでしょうか。自由を保持できるように、私達はどのように支配されるべきなのでしょうか。憲法によって管理されない政府は自由でありうるのでしょうか。誰が憲法を制定するのでしょうか。誰が憲法に力と勢いを与えるのでしょうか」と独立後の国家構想についても語っている。アビゲイルは手紙の中で、家族の音信だけではなく、政治向きの事柄につい

ても非常に関心を示している。それはアダムズもアビゲイルに政治向きの事柄を手紙の中で包むことなく語っているからである（see → 135 頁、巻末史料 10^{-3}）。

別　離

アダムズは公務のために家を留守にしがちであった。2 人は離れている時は毎日のように手紙を交わした。しかし、アダムズは「さらに 2、3ヶ月もすれば、私は最も癪に障る皮肉屋になってしまうだろう」と語っているように、絶え間ない別離はアダムズにとって苦痛であった。

そうした苦痛にもかかわらず、大陸会議はアダムズをヨーロッパに派遣することを決定した。アビゲイルは議員の 1 人に「アダムズに対するあなたの策略はほとんど考えられないものです。感性と優しい心をお持ちのあなたが、私のすべての幸せを奪おうと企むことがどうしてできるのでしょうか」という手紙を送っている。

当初、アビゲイルは子ども達とともに夫に同行するつもりであった。しかし、イギリス軍によって船が拿捕される危険性があっただけではなく、当時、冬の荒れた大西洋を渡ろうとする者はほとんどいなかった。そのためアビゲイルは同行を断念した。

しかし、同行を強く希望した息子ジョン・クインジーがともに旅立つことになった。アダムズ親子は 1778 年 2 月にフランスに向けて出発し、1779 年 8 月に帰国した。しかし、同年 11 月、アダムズは大陸会議の命によって再びフランスに向けて旅立った。今回もアビゲイルは同行せず、代わりに長男ジョン・クインジーと次男チャールズが同行した。

夫の不在中、アビゲイルは単に留守を預かっているだけではなかった。不動産に投資したり証券に投資したりした。さらにアダムズから送られてくる品々を売り、遂にはヨーロッパの商人に直接注文するまでになった。

再　会

1782 年 11 月 30 日、アダムズはパリ条約調印の大任を果たした後、帰国を考えていた。しかし、アダムズに連合会議が新たな任務を与えたので帰国を断念せざるを得なかった。アダムズはアビゲイルを呼び寄せる決心をした（see → 135 頁、巻末史料 10^{-4}）。

1784 年 6 月 18 日、アダムズの求めに従ってアビゲイルは娘ナビィとともにアメリカを旅立った。初めは船酔いに苦しめられていたアビゲイルであったが、船中でただ大人しくしていたわけではなかった。料理人をしつけたり、悪臭に閉口して船首から船尾まで磨き上げたりした。船長が自分の職を取られるのではないかと思ったほどで

あったという。こうしてアビゲイルとナビィは7月にイギリスに到着した。

イギリスに滞在中、12人のブレインツリーの水夫が収監されているのを知ったアビゲイルは、水夫達を助けるようにとアダムズに手紙を送っている。アダムズは自分のお金で彼らの身柄を引き受けることを申し出た。その後、彼らは捕虜交換で解放された。1784年8月7日、アダムズ夫妻はロンドンのアデルフィ・ホテル Adelphi Hotel でおよそ5年振りの再会を果たした。

再会から程無くして、アダムズ一家はパリ近郊のオートゥイユにあるコント・ルオー Count Rouault 邸に住んだ。アビゲイルは邸宅を切り盛りするのに雇わなければならない召使の数に辟易した。アビゲイルにとってそれは厄介なことであった。アビゲイルはパリの街を不潔だとは思ったが、演劇や音楽、そしてファッションには魅了された。特にオペラ座は驚異の的であり、「踊り子達の動きが空気のように軽く稲妻のように素早い」ので「筆舌に尽くし難い」ものであったという。パリに約9ヶ月間滞在した後、アダムズ夫妻はロンドンに移り、約3年近くそこで過ごした。アダムズ夫妻は1788年6月に帰国した。

子ども達の巣立ち

帰国したアダムズ夫妻は、工事はまだ完全に終わっていなかったものの、あらかじめ購入しておいた新居に入った。結婚した当初に住んでいた家よりも広いとはいえ、ヨーロッパで邸宅に住むことに慣れていたアビゲイルにとって、新居は満足できる広さではなく、「ミソサザイの家 Wren's House」と呼んだ。その後、アビゲイルは家を拡張し、高級家具を輸入して設えた。アダムズ夫妻は自宅をピースフィールド Peacefield と名付けた。ピースフィールドはアダムズ国立史跡 Adams National Historic Site として現在でも見ることができる。

アダムズが副大統領に選ばれたことを知ってアビゲイルは喜び半ばといった気持ちであった。愛着ある我が家から動きたくなかったからである。しかし、ニュー・ヨークでアビゲイルは素晴らしい家を見つけることができた。それはハドソン川 Hudson River 沿いに建つリッチモンド・ヒル Richmond Hill と呼ばれる邸宅であった。アビゲイルはワシントン政権下のニュー・ヨークの世情をしばしば姉に書き送っている。そうしたアビゲイルの手紙は当時の様子を知る貴重な史料である (see → 135 頁、巻末史料 10^{-5})。

副大統領の第2期目になるとアビゲイルは病気がちであったこともあり、新たに

首都になったフィラデルフィアにはほとんど住まず、ピースフィールドに籠もった。この頃、アビゲイルは非常に孤独であった。長男ジョン・クインジーは3男トマスを伴って公務でオランダに旅立ち、長女ナビィとその子ども達はニュー・ヨークに居た。さらに次男チャールズもニュー・ヨークで弁護士として働いていた。

大統領夫人

女大統領閣下

1796年の大統領選挙でアダムズは第2代大統領に選出された。「私は感情を表に出すことに慣れているので、必要に応じて、自分の周りに防御壁を築く方法や口に出す前にすべての言葉を吟味する方法、話したいのに沈黙を守る方法など分からない」と述べているように、アビゲイルは大統領夫人の役割を自分がうまく果たせるかどうか不安に思っていた。その当時の女性は、夫の背後で沈黙を守ることが美徳とされ、アビゲイルのように積極的に発言をする女性は稀であったからである。

農園の管理やアダムズの母親の看護で忙しかったためにアビゲイルは5月までフィラデルフィアに行くことができなかった。そのためアビゲイルは夫の大統領就任式に出席していない。

連邦派と民主共和派の対立が激化する最中、アダムズは絶え間ない批判を受けた。アビゲイルは夫を擁護するために友好的な新聞の編集者に対して何十通もの手紙を送った。アビゲイルが夫に及ぼす影響はよく知られていた。フィッシャー・エイムズ Fisher Ames (1758. 4. 19-1808. 7. 4) は、アビゲイルは「昔のフランス宮廷における女性と同じく完全に政治家だ」と述べている。そのため多くの人々がアビゲイルを「女大統領閣下 Mrs. President」と皮肉を込めて呼んだ。

アビゲイルは大統領夫人として週に2度迎接会を主催し、多い時に1日で5、60人にも及ぶ訪問客を応接した。「私の時代では、私がファッションを決める特権を持っているように思います」とアビゲイルは述べ、新しい装いを社交界にもたらした。当時の女性は冬用に薄いモスリンのドレスを着用していたが、アビゲイルは代わりにシルクのドレスを着用した。さらにドレスのウエストを高くとり、襟ぐりを深くした。

ホワイト・ハウスの女主人

1800年11月、アビゲイルはいまだに工事中のホワイト・ハウスに移った。その時の様子を、娘に宛てた1800年11月21日付の手紙の中で次のように記している。

「私はここに先週の日曜日に着きました。道に迷った以外はお知らせするよう

な出来事には遭いませんでした。ボルティモアを出発し、フレデリック郡の道を8、9マイル［約12.8から14.4キロメートル］進みました。そうしてさらに森の合間を8マイル［約12.8キロメートル］進んだところで、案内してくれる人も道も見つからず2時間迷いました。［中略］。家は住めるようにはなっていましたが、工事が終わっている部屋は1部屋もありません［中略］。垣根も庭もありませんし、その他諸々も全くありません。大きな未完成の客間を、洗濯物を吊るして乾かす部屋にしています」

1800年の大統領選挙でアダムズはジェファソンに敗れ、アビゲイルの大統領夫人の役割も4年で終わりを告げることになった。引退するべき年齢に達するか、または国民の信頼を失った場合を除いて、大統領は続けて職に留まるべきだとアビゲイルは思っていた。それゆえ、アビゲイルは、夫が選挙に敗北し、大統領職を失うことは国家にとって大きな損失であると考えた。そして、大統領選挙に伴う激しい中傷合戦に対してアビゲイルは強い嫌悪感を抱いていた。結局、アビゲイルがホワイト・ハウスに住んだ期間はわずかに約3ヶ月であった。

ランキング

1982年、1993年、2003年、2008年の4度にわたってシエナ研究機構 Siena Research Institute はファースト・レディのランキング調査を行った。この調査は歴史家に、各ファースト・レディについて、経歴、国への貢献、品性、指導力、知性、主体性、業績、勇気、一般の印象、大統領への貢献の10項目で採点する形式で行われた。

アビゲイルは、1982年は2位、1993年は3位、2003年は2位、2008年は2位と毎回、非常に高く評価されている。2008年の調査では、経歴の項目で3位、国への貢献の項目で3位、品性の項目で2位、指導力の項目で2位、知性の項目で2位、主体性の項目で3位、業績の項目で3位、勇気の項目で3位、一般の印象の項目で4位、大統領への貢献の項目で2位を獲得するなどいずれの項目も高く評価されている。

政権終了後

クインジーに戻ったアダムズ夫妻は孫達に囲まれながら暮らした。夫妻には10人の孫がいて、そのうち5人が断続的に一緒に住んでいた。家族との暮らしに落ち着いたものの、アビゲイルの政治への関心は衰えることはなかった。連邦上院議員になっていた長男ジョン・クインジーから手紙でさまざまな情報を得ていたうえに、毎

日欠かさずいろいろな新聞を読んでいた。1818年10月28日午後1時頃、アビゲイルは熱病に罹って亡くなった。病床にあるアビゲイルを看ていたアダムズは、「彼女の傍らに横たわって一緒に死ねたらよいのに」と言ったという。また「このような状態の彼女を見ていることはできない」とも言ったという。享年73。2人の結婚生活は54年と3日にも及んだ。

エピソード

女性の権利を主張

アビゲイルは、早くから女性の権利を主張したことでよく知られている。1776年3月31日にアダムズに宛てた手紙の中で、「新しい法体系を作る必要があると思いますが、女性達のことを忘れないように強く望みます。そして、昔の女性達に対してよりも、もっと優しく好意的になるようにして下さい。夫達の手に無制限の権利を委ねてはなりません。もしなろうと思えば、すべての男性は暴君になれるのだということを忘れないで下さい。もし特別な配慮と関心が女性達に払われないのであれば、私達は反乱を企てることを決意するでしょう。そして、代表権を持たず、私達の声を反映させることができない法律に縛られるつもりはありません」と述べている。

それから200年後にカーター Jimmy Carter (1924. 10. 1-) 大統領は、カーター夫人 Rosalynn Carter (1927. 8. 18-) が女性解放運動に反対していると述べた。それを新聞で読んだ夫人は記者を呼んで次のように語った。

「200年前、アビゲイル・アダムズは彼女の夫に対するユーモアある脅しの中で、自分自身の意見をもっとはっきり表明しています。1776年5月に独立宣言について書いた際に、彼女は大事なことが脱落していると述べています。『あなた方［男性達］は女性達にとても優しいとは言えません。というのは、あなた方は人類の平和と親善を唱え、すべての国民を解放しようとしている一方で、妻達に対する絶対権力を保つように強いています。しかし、あなた方は、恣意的な権力は、非常に多くのひどいことと同様に、損なわれることを免れません。そして、あなた方の賢明な法や格言にもかかわらず、私達には私達自身を解放する力だけではなく、主人を従わせ、暴力なしであなた方の自然的かつ法的な権威を足元に平伏させる力があります』」

このようにカーター夫人が引用しているように、アビゲイルは女性解放運動のさきがけと見なされている。またアビゲイルは奴隷制について「奴隷制は他者に対する思

いやりとキリスト教の教義に基づいていない」という見解を示している。

　愛　犬

　孫娘に宛てた手紙の中で、アビゲイルは愛犬について語っている。大統領夫人の役目を終え、静かな生活に戻った頃の話である。

　　「私を愛するのと同じく私の犬もあなたは愛していたに違いないと思うので、ジュノーがまだ生きていると分かったらきっと嬉しいでしょう。ジュノーは寡婦になり年をとって灰色になってしまったけれども。ジュノーは楽しく暮らしているようですし、思いやりをかけてもらえることに感謝しているようです。ジュノーは誰かが来るといつでも尻尾を振って訪問者が来たことを告げてくれます」

　ジュノー Juno は雌のスパニエルである。サタン Satan という名の雄のスパニエルも飼っていたが、ホワイト・ハウスに住んでいた時に死んでしまっている。

10.2　子ども

3男2女

アビゲイル・アメリア・アダムズ

　長女ナヴィ Abigail "Nabby" Amelia Adams（1765.7.14-1813.8.15）はブレインツリーで生まれ、家庭で教育を受けた。17歳になったナヴィはブレインツリーの弁護士ロイオール・タイラー Royall Tyler と恋仲になるが、アダムズ家はその仲を認めなかった。それにもかかわらず、ナヴィとタイラーは婚約した。しかし、ナヴィが父の求めに従って渡欧すると2人の仲は次第に疎遠になった。タイラーの返信が途絶えたためである。

　アダムズのロンドン赴任に同行したナヴィはアメリカ公使館の書記官を務めていたウィリアム・スミス William Stephens Smith（1755.11.8-1816.6.10）と出会った。結局、ナヴィはタイラーとの婚約を破棄し、1786年6月12日、ロンドンでスミスと結婚した。スミスはヴェネズエラの反乱や土地投機などに関わり、家を留守にしがちであった。アダムズ政権期にはニュー・ヨーク港の輸入品検査官として働き、その後、1813年から1815年にかけて連邦下院議員を務めた。ナヴィは1813年、乳癌に侵され両親に先立って亡くなった（see → 136頁、巻末史料 10^{-6}）。

ジョン・クインジー・アダムズ

長男ジョン・クインジー John Quincy Adams (1767. 7. 11-1848. 2. 23) は後に第6代大統領になったことでよく知られている。ジョン・クインジーに関する詳細は『ジョン・クインジー・アダムズ伝記事典』を参照のこと。アダムズはジョン・クインジーを幼い頃から絶えず薫陶していた（see → 136 頁、巻末史料 10[7]）。

スザンナ・アダムズ

ボストンで生まれた次女スザンナ Susanna Adams (1768. 12. 28-1770. 2. 4) は夭折している。

チャールズ・アダムズ

次男チャールズ Charles Adams (1770. 5. 29-1800. 11. 30) はボストンで生まれた。1779 年 9 月、兄ジョン・クインジーとともにロンドンの父のもとに向かった。しかし、ホームシックになって健康を害したので 1781 年 8 月、アメリカに向けて旅立った。乗った船が途中、スペインで修理しなければならなくなったので帰国まで通常よりはるかに時間がかかった。さらに音信不通になっていたので、アダムズ一家はチャールズが海で遭難したのではないかと思っていた。

アメリカに帰国したチャールズは、弟トマスとともにハーヴァード・カレッジに入学した。法律学を修めたものの、ほとんど弁護士として働くことはなかった。1795年 8 月 29 日、一家の反対を押し切って従姉妹のサラ・スミス Sarah Smith (1769. 11. 6-1828. 8. 8) と結婚した。しかし、アルコール中毒になり、仕事と家族を顧みなくなった。1800 年、30 歳で亡くなった。死因は水腫症であるが、肝硬変であったと言われている。アダムズは「かつて愛した息子の憂鬱な死」と述べている。

トマス・ボイルストン・アダムズ

ブレインツリー生まれの 3 男トマス Thomas Boylston Adams (1772. 9. 15-1832. 3. 13) も長兄と次兄と同じくハーヴァード・カレッジで学んだ。1790 年に同校を卒業後、1795 年に法曹界に入った。さらに長兄と同じくヨーロッパの外交畑で働いた。オランダでは公使代理として、ベルリンでは長兄の下で書記官として働いた。「私にはまだ、美徳と勤勉さを堅持することで慰めを与えてくれる 2 人の息子がいることを神に感謝している」とアダムズは述べている。アダムズ政権期に帰国しフィラデルフィアに住んだ。

1805 年 5 月 16 日、アン・ハロッド Ann Harod (1774-1846) と結婚し、クインジーに戻って弁護士業に勤しんだ。浪費癖があり、収入以上のお金を使ってしまうこ

ともよくあった。それでも弁護士業は順調であり、後年、マサチューセッツ州最高裁長官も務めた。しかし、兄チャールズと同じく酒に溺れがちで、最後は借金を残して亡くなった。後に甥チャールズ・フランシスは叔父トマスを「世界で最も不愉快な人物の1人」と評している。

脈々と続く血筋

ジョン・アダムズが自らの子孫について、「私は政治と戦争を学ばねばならないが、息子たちは、数学と哲学を学びたければ学ぶがいい。息子たちは、数学と哲学、地理学、博物学、造船学、航海学、商業、農業を学ぶ必要がある。それはかれらの息子たちに、絵画、詩歌、音楽、建築、彫刻、タペストリー、陶芸を学ぶ権利を与えるためなのだ」（高橋健次訳）と言い残したように、アダムズの子孫は多様な分野で活躍した。詳細は、『ジョン・クインジー・アダムズ伝記事典』、10.2 子どもを参照のこと。

11. 趣味／エピソード／宗教

11.1 趣　味

読　書

「女性も、鉄砲も、トランプも、フルートも、ヴァイオリンも、服装も、煙草も、怠惰も本からあなたを離すことはできない」と記しているようにアダムズは読書に勤しんでいた。また「妻と子ども達を除けば私は私の本を見ていたい」とも述べている。アダムズの蔵書は3,200冊に及ぶ。ジェファソンの蔵書数には及ばないが、書籍が高価だった当時からすれば豊富な蔵書だと言える。アダムズは読書をしながらよく本に書き込みをした。例えばメアリ・ウォルストーンクラフト Mary Woollstonecraft (1759.4.27-1797.9.10) の『フランス革命 French Revolution』には実に1万2,000語の書き込みをしている。晩年、アダムズが後悔していたことは、中国語やセム系の言語を学ばなかったことである。なぜならそうした言語で書かれた古典を読みたいとアダムズは思っていたからである。

　読むことだけではなく書くこともアダムズの楽しみであった。「私は書けば書くほど調子が良くなる」と言っている。そして、「手紙を書くことは私にとって最も好ま

しい楽しみである」と述べている。手紙の多くはいったん、下書きをしてそれから推敲をして最終形にするという念を入れたものであった。

8歳から喫煙

ジョン・アダムズは8歳から喫煙を始め、若干の禁煙期間を除いてはずっと煙草を吸い続けた。噛み煙草も嗜んでいた。また発酵させた林檎酒やフィラデルフィアのビール、ラム酒などを好んだという。「多くの時間をぶらつきと気晴らしに費やした。乗馬と散歩、パイプを吸うこと、晩をそうして過ごし、私の時間の多くを無駄にして、仕事の不安を気にして、私の注意と情熱を発散させてしまう」と記している。特に散歩はパリに居る間のお気に入りであった。チュイルリー宮殿Palace of TuilleriesやヴェルサイユVersaillesの庭園などを回った。パリで初めてオペラや演劇などを見た。また乗馬は健康に良いと考えていた。

他には実にさまざまな土産物を集めている。その中には、シェイクスピアの生家にある椅子から削り取った木片という奇妙な物まで含まれている。

11．2　エピソード

自己紹介

伝記を書くための資料を求められたアダムズは次のように1809年3月11日付の手紙で答えている。

「私は他の人間と同じく1つの頭、4つの手足と五感を持ち、特異な部分は何もない。結婚生活は44年間。1764年10月25日、アビゲイル・スミスと隣町のウェイマスにある彼女の父親の家で結婚した。結婚を執り行ったのは牧師であった彼女の父親だった。私の肖像画はないが、かつて画家にかなり馬鹿にされたので誰かにまた［肖像画を］描かせようとは思わない」

また同じ手紙の中でアダムズは、1800年の大統領選挙で自分が敗北し、引退を余儀なくされた理由を適切に説明している者が誰もいないと嘆いている。

アダムとイヴの謎

　アダムズがヨーロッパに滞在していた頃の話である。ある晩餐会でアダムズは1人の貴婦人から、「アダムズ様、あなたのお名前からすると、あなたはきっと最初の男［アダム］と女［イヴ］の子孫だろうと私は思いました。そうだとするとあなたのご家系は、私が説明できない難問を解くような伝承を受け継いではいないでしょうか。どのようにして最初の夫婦が閨房の術を発見したのか私は分からないのです」と質問された。

　通訳を介して質問の内容を知ったアダムズは、公の場でそのようなことを女性から聞かれたことがなかったので非常に驚いた。赤面しながらもアダムズは、「我々の中には電力もしくは磁力と似たような身体的特質がある。そういった特質により、直近の距離に対するものが近付くと、針が穴を通るように、もしくは電気実験における2つの物質のようにくっつくのです」と答えたという。

町の名前

　1800年、ニュー・ハンプシャー州のある町がアダムズにちなんでアダムズと命名された。しかし、1828年の大統領選挙で息子のジョン・クインジー・アダムズがジャクソンに敗れた後、アダムズはジャクソンに改名された。改名反対に投じられた票はわずかに1票だったという。

独立運動に関する見解

　独立革命当時、王党派と独立支持派がそれぞれどの程度の割合を占めたのかという点は歴史学者によってしばしば取り上げられる問題である。その問題について、「［エドモンド・］バーク氏がイギリス人の中で計算したように、もし私がアメリカ人の中で派閥の数を計算すれば、3分の1は革命に反対していると言えます」というアダムズの有名な言葉が引用されることが多い。しかし、これは誤った引用である。これは1815年1月の手紙の中にある言葉で、「革命」とはアメリカ独立革命ではなく、フランス革命を指している。

　実際にアダムズはどの程度に王党派と独立支持派の数を見積もっていたのか。その答えは、1813年11月12日付のジェファソン宛の手紙の中にある。アダムズは第1回大陸会議について「3分の1がトーリー党［親国王派］、また3分の1がホイッグ

党［反国王派］で、残りは雑多である」と言及している。

300万分の1の貢献

あるフランスの歴史家が、アダムズを中心にしたアメリカ独立の歴史を書くつもりだとアダムズ本人に伝えた。するとアダムズは、自分の貢献はわずかに300万分の1、つまり、1人のアメリカ人としての貢献でしかないと答えた。

歴史は時に偉人の活躍を中心にして描かれがちであるが、アダムズは1779年5月22日付の手紙で以下のように述べてそれを否定している。

> 「偉大な人物についてのあなたの考え方ですが、それほど意味はないと思います。偉大な事柄を成し遂げるのは偉大な人々なのです。人々は、彼らの目的をかなえるのに使える手段を常に見つけます。世界のあらゆる偉大な人物は、泡沫や騙り屋に過ぎないと私は確信するようになりました」

政治家は自らの評判を高めようと努めるものだとアダムズは理解していたが、自身は殊更に業績を強調するようなことはあまりなかった。また政治家が自らの業績を誇張することに対して嫌悪感を抱いていた（see → 137頁、巻末史料11[-1]）。

シャボン玉

孫娘がシャボン玉で遊んでいるのを見ていたアダムズは以下のように記している。

> 「孫娘達は部屋の空気をシャボン玉で満たした。シャボン玉は回転して蝋燭と暖炉の明かりで輝きとても綺麗だった。物質的にも政治的にも完全なものはないと象徴しているかのような人生の神学的な情景であった。道義こそが永遠である。その他のすべては揺りかごから墓場までシャボン玉や泡のようなものだ」

奴隷制観

アダムズは奴隷制について「人間の性質の中で醜い毒」であり、「黒人奴隷制はまさに巨悪」であると述べている。さらに「人間を財産にできるという考えを憲法の中で認めることは誤りである」とも述べている。アダムズ夫妻は、農場で奴隷を使えば費用が安く済むのにもかかわらず、奴隷を所有したこともなければ、他人の奴隷を賃借したこともなかった（see → 137頁、巻末史料11[-2]）。

11. 趣味／エピソード／宗教　97

栄誉

全米で7つの郡がアダムズにちなんで命名されている。ニュー・ハンプシャー州のプレジデンシャル山脈 Presidential Range にあるアダムズ山 Mount Adams はアダムズに由来する。他にもワシントン州とオレゴン州に跨るカスケード山脈 Cascade Range にあるアダムズ山 Mount Adams もアダムズに由来する。

またアダムズは1900年に創設された栄誉の殿堂 Hall of Fame で「偉大なアメリカ人 Great Americans」としてワシントン、ジェファソン、リンカン Abraham Lincoln（1809. 2. 12-1865. 4. 15）、そしてグラント Ulysses Simpson Grant（1822. 4. 27-1885. 7. 23）とともに選ばれている。

11. 3　宗　教

ユニタリアン派

アダムズは会衆派 Congregationalists のユニタリアン派 Unitarian に属していた。会衆派は、17世紀前半にマサチューセッツ湾植民地に渡ってきたピューリタンの一派である。またユニタリアン派は、1783年に会衆派から生じた一派である。神の単一性を主張し、三位一体説やキリストの神性を否定する特徴を持っている。後に会衆派から独立した。

アダムズは、キリスト教をニュートン的な科学やロック的な経験論で補強することを論じた著作に親しんでいる。アダムズにとって、聖書の啓示は道徳的真理の源泉そのものではなかった。アダムズは宗教的見解は個人のものであるとともに、人間は理性的な存在であるがゆえに自ら道徳的義務の基準を導き出すことができると考えていた。そして、信仰は、市民として必要とされる徳性を養う習慣であると考えていた。その一方で、「科学と芸術は大いに人間の状態を改善し、道徳さえも改良する」と述べている。しかし、アダムズにとって信仰と同じく市民として必要とされる徳性を養うものは家族であった（see → **137頁、巻末史料11**[-3]）。

さらにアダムズはキリストについて次のように考えている。キリストの信仰と博愛、そして献身は人類が見習うべきものだとはいえ、キリストは神の子ではなく人間である。もしキリストが神の子であるなら、なぜ、神は自らの子が十字架に掛けられ

るのを許したのか。そうした考えは三位一体を否定する考えであった。

　大陸会議で活躍していた頃、議会が休会になる日曜日、アダムズは1日の大半を教会で過ごし、ミサに2回、時によっては3回も参加することがあった。教会に通うことはアダムズの生涯を通じての習慣であった。アダムズは、英国国教会 Anglican Church（後に監督派 Episcopalian Church）、メソジスト派 Methodists、バプティスト派 Baptists、長老派 Presbyterians、クエーカー Quakers、ドイツ兄弟派 German Moravians などさまざまな礼拝所を訪れている（see → 137頁、巻末史料 11[-4]）。

　こうしたアダムズの考えと行動は、18世紀半ばにアメリカ植民地で広まった大覚醒運動 Great Awakening の影響があると思われる。大覚醒運動は、既存の教会組織にとらわれることなく、自らの内面の宗教意識を重んじることを呼びかけた運動である（see → 138頁、巻末史料 11[-5]）。

12. 演　説

就任演説（1797.3.4）より抜粋

　アダムズは日記の中で「演説の技量や雄弁の才というのは、なるほど説得するのには上手に使われているかもしれないが、多くの場合は悪賢く、人をそそのかすのに使われている」と書いている。有能な弁護士として弁舌に長けていたアダムズであったが、衆口にのぼるような演説を行ったことはない。もちろん、当時は演説で一般大衆を動かし政治を行うという考え方がなかったという時代背景は考慮すべきだろう。それゆえ、アダムズは、議会や法廷といった閉じられた場所で、限られた数の相手に演説を行う機会しか持たなかった。アダムズは口よりもペンでその考えを広めた。またその文体は詩的ではなく、膨大な傍証を駆使して重厚な論を展開する文体であった。

　就任演説は2,318語からなり、727語の長さの1文を含む。就任演説でアダムズは、君主政よりも共和政体が非常に優れた政体であることを力説するとともに、共和政体が内包する危険性について述べている。アダムズが言うには、たとえ共和政体が優れた政体であっても、「我々の自由に対する危険を看過」してはならない。特に選挙が多数派の意向だけで左右されたり、党派の策略や腐敗によって左右されたりすることは避けなければならない。なぜならそのような選挙を通じて成立した政府は国益より

も党派の利益を優先するようになるからである。また外国政府からの選挙に対する干渉も排除しなければならない。外国政府からの干渉を許せばもはや「政府はアメリカ人が選んだもの」とは言えないからである。アダムズにとって自由は、政治的な独立と不可分のものであり、立憲君主制の横暴から守られるべきものであった。さらに「財産が保障されなければ、自由は存在し得ない」とアダムズが言っているように経済的な独立も自由には不可欠なものであった。また外交に関しては中立を守り、フランスとの友誼を保つことを約束した。

　さらに、独立戦争の苦難もさることながら、合衆国憲法成立までの苦難も大きかったことをアダムズは示唆している。連合規約の下、統一国家として歩みだしたかのように思えたアメリカは、各邦の間に相次いだ衝突や弱体な中央政府という構造的欠陥を抱えていた。その欠陥を是正すべく新たに合衆国憲法が編まれ、連邦政府が樹立された。

　新政府はワシントンという強い求心力を持つ「建国の父」のお蔭で正統性を保持することができた。アダムズにはワシントンのような求心力はほとんどなく、あらためて共和主義の正統性を示し、党派対立を終わらせるように呼びかけなければならなかった。

　　The zeal and ardor of the people during the Revolutionary war, supplying the place of government, commanded a degree of order sufficient at least for the temporary preservation of society. The Confederation which was early felt to be necessary was prepared for the models of the Batavian and Helvetic confederacies, the only examples which remain with any detail and precision in history, and certainly the only ones which the people at large had ever considered. But reflecting on the striking difference in so many particulars between this country and those where a courier go form the seat of government to the frontier in a single day, it was then certainly foreseen by some who assisted in Congress at the formation of it that it could not be durable.

　　Negligence of its regulations, inattention to its recommendations, if not disobedience to its authority, not only in individuals but in States, soon appeared with their melancholy consequences — universal languor, jealousies and rivalries of States, decline of navigation and commerce, discouragement of necessary manufactures, universal fall in the value of lands and their product, contempt of public and private faith, loss of consideration and credit with foreign nations, and at length in discontents, animosities, combinations, partial conventions, and insurrection, threatening some great national calamity.

In this dangerous crisis the people of America were not abandoned by their usual good sense, presence of mind, resolution, or integrity. Measures were pursued to concert a plan to form more perfect union, establish justice, insure domestic tranquility, provide for the common defense, promote the general welfare, and secure the blessings of liberty. The public disquisitions, discussions, and deliberations issued in the present happy Constitution of Government.

—Inaugural Address 1797. 3. 4

　独立戦争の間、人々の情熱のお蔭で政府は支えられ、一時的に社会を維持するのに十分な秩序が保たれました。早くから必要性が認識されていた連合規約は、歴史に詳細な記録が残っていて、広く国民が考案したバタヴィア共和国やスイス連邦の規約をモデルにして作られました。しかし、政府の所在地から辺縁まで急使が1日で到達できるような国々とわが国の特徴の顕著な違いを考慮して、大陸会議で連合規約の創案に協力した人の中には、それが長くもたないということを予見した者もいました。

　連合会議の権威に仮に従っていたとしても、各個人や各邦が連合会議の規定と勧告をすぐに軽視するようになり、各州の間に倦怠、嫉視、そして競合が蔓延し、海運と通商は衰退し、産業も振るわず、土地と産物の価格は下落し、公私ともに信義が軽んじられ、諸外国からの尊敬と信用を失い、さらには不満、敵意、徒党の結成、不公正な取り決め、暴動などいくつかは大きな国家的災厄となる恐れがある暗鬱な結果が生じました。

　この危機においてアメリカ国民は、良識、気高い精神、決意、そして品位を放棄しませんでした。より完全な国家を形成し、公正を実現し、国内に静謐をもたらし、国

家全体の防衛を考え、公共の福祉を推進し、自由の恩恵を確かなものとする計画を一致協力して行う方策が練られました。国民の入念な探求、議論、そして深慮が結実して現在の巧緻な合衆国憲法が成立しました。

13. 日本との関係

ワシントンの後継者

単にワシントンから大統領職を譲られた人物としてアダムズは言及されることが多い。

アダムズに関する初期の言及として『美理哥国総記和解』(1854) に「嘉慶六年 [1801年] の間阿丹士 [アダムズ] 位に在ること四年にて遮費遜 [ジェファソン] に伝与す其時戸口五百三十一万級千七百六十二丁あり」という記述がある。

さらに福沢諭吉 (1835.1.10-1901.2.3) は『西洋事情』(1867) の中で「千七百九十七年華盛頓職を辞しジョン、アダムズ [ジョン・アダムズ] 代て大統領に任じたり。是より先き我政府、外国との交際に中立を守て他国を助けざるを以て仏蘭西人之を憤り合衆国の貿易を妨げ或は兵を挙て来り攻んとするの勢あり。是に於て大統領アダムズ陸軍を備へ海軍を増し華盛頓を以て陸軍の総督に命じたれども其後華盛頓は病死し且又幸にして仏蘭西の事も平きたり」とアダムズ政権を紹介している。

アダムズの日本に関する言及

アダムズは日本に関する知識を少しは持っていたらしい。1783年9月19日の日記には、「ロシアの女帝がカムチャッカの海に面して交易都市を作るか、もしくは中国の北京、南京、広東といった都市と交易を始めるのに障害になることは何か。それは日本やフィリピン、モルッカ諸島に近いので、いつか大いなる活動の領域が開けるだろう」という記述が見られる。

フランクリン号が日本と通商

フランクリン号 Franklin はボストンからバタヴィア Batavia に至り、オランダ当局の許可を得てオランダ国旗を掲げて長崎へ入港した。フランクリン号は修理のために4ヶ月間、長崎に滞在し、1799年12月18日、交易品とともにバタヴィアに帰還し

た。フランクリン号の前にも 1790 年代にレディ・ワシントン号 Lady Washington とグレース号 Grace が日本と交易しようと試みたが失敗している。

14. 参考文献

　アダムズ関連文書はマサチューセッツ歴史協会 Massachusetts Historical Society が所蔵する 1639 年から 1889 年に及ぶアダムズ家の文書の中に含まれている。アダムズ関連文書は同協会のホームページ（http://www.masshist.org/digitaladams/aea/）で閲覧することができる。また 1850 年から 1856 年にかけて孫のチャールズ・アダムズがアダムズの業績を整理し『ジョン・アダムズ著作集 Works of John Adams』を刊行している。なお同書は、オンライン・ライブラリ・オヴ・リバティ Online Library of Liberty （http://oll.libertyfund.org/?option=com_staticxt&staticfile=show.php%3Fperson=3791&Itemid=28）で閲覧することができる。またヴァージニア大学出版部からアダムズ文書デジタル・エディション The Adams Papers Digital Edition （http://rotunda.upress.virginia.edu:8080/founders/default.xqy?keys=ADMS）が発表されている。
　初期の伝記類としては、ジョン・モース John T. Morse, Jr. の『ジョン・アダムズ John Adams』(1865)、ジョン・ウッド John Wood の『ジョン・アダムズ政権の歴史 History of the Administration of John Adams』(1802)、ウォルシュ M. Walsh の『ジョン・アダムズの政治科学 Political Science of John Adams』(1915)、ウォレン C. Warren の『ジョン・アダムズとアメリカ憲法 John Adams and American Constitutions』(1927) などがある。

Adams, John. *Collection of State Papers,* 1782.
Adams, John. *Correspondence Between the Hon John Adams and the late William Cunningham, Esq.* 1823.
Adams, John. *Correspondence⋯concerning the British Doctrine of Impressment,* 1809.
Adams, John. *Correspondence of the Late President Adams,* 1809.
Adams, John. *A Defense of the Constitutions of Government of the United States of America.* 3 vols. C. Dilly, 1787-1788.
Adams, John. *Discourses on Davila.* Russell & Cutler, 1805.

Adams, John. *Essay on Canon and Feudal Law*, 1768.
Adams, John. *Four Letters*, 1802.
Adams, John. *History of the Dispute with America*, 1784.
Adams, John. *The Inadmissible Principles of the King of England's Proclamation*, 1809.
Adams, John. *Letters*, 1786.
Adams, John. *Mémoire à leurs Hautes-Puissance les Seigneurs États-Généraux des Provinces-Unies des Pays-Bas*, 1781.
Adams, John and Daniel Leonard. *Novanglus and Massachusettensis*. Hews & Goss, 1819.
Adams, John. *A Selection of the Patriotic Addresses to the President of the United States, together with the President's Answers, Presented in the Year 1798*, 1798.
Adams, John. *Thoughts on Government*, 1776.

Adams, John. *Adams Family Correspondence*. 9 vols to date. Haward University Press, 1963-contd.
Adams, John. *The Adams-Jefferson Letters: The Complete Correspondence between Thomas Jefferson and Abigail and John Adams*. The University of North Carolina Press, 1988.
Adams, John. *Diary and Autobiography of John Adams*. 4 vols. Harvard University Press, 1961.
Adams, John. *Legal Papers of John Adams*. 3vols. Harvard University Press, 1965.
Adams, John. *The Papers of John Adams: General Correspondence and Other Papers*. 10 vols to date. Harvard University Press, 1977-contd.
Adams, John. *The Political Writing of John Adams: Representative Selections*. The Liberal Arts Press, 1954.
Adams, John. *The Political Writings of John Adams*. Regnery Pulishing, 2000.
Adams, John. *The Revolutionary Writings of John Adams*. Liberty Fund, 2000.
Adams, John. *The Works of John Adams*. 10 vols. 1850-56.

Adams, Charles F. *The Life of John Adams*. 2 vols. Lippincott, 1871.
Bowen, Catherine Drinker. *John Adams and the American Revolution*. Little, Brown, 1950.
Brown, Ralph A. *The Presidency of John Adams*. Regents Press of Kansas, 1975.
Burleigh, Ann Hosted. *John Adams*. Arlington House, 1969.
Chinard, Gilbert. *Honest John Adams*. Little, Brown, 1933.
Ellis, Joseph J. *Passionate Sage: The Character and Legacy of John Adams*. W. W. Norton,

1993.
Ferling, John E. *John Adams: A Life*. University of Tennessee Press, 1992.
Grant, James. *John Adams: Party of One*. Farrar, Straus, and Giroux, 2005.
Kurtz, Stephen C. *The Presidency of John Adams: The Collapse of Federalism, 1785-1800*. University of Pennsylvania Press, 1957.
McCullough, David. *John Adams*. Simon & Schuster, 2001.
Shaw, Peter. *The Character of John Adams*. University of North Carolina Press, 1916.
Smith, Page. *John Adams*. 2 vols. Doubleday, 1962.
石川敬史『アメリカ連邦政府の思想的基礎―ジョン・アダムズの中央政府論』溪水社、2008年。
ケーリ、オーティス編『アダムズ家の人々―アメリカ政治・文化の歴史』創元社、1964年。

巻末史料

巻末史料 3⁻¹

アダムズからスケルトン・ジョーンズ Skelton Jones に宛てた手紙（1809 年 3 月 11 日付）
「田舎者の最初のラテン語の先生の下では私は射撃、スケート、水泳、凧上げ、そしてあらゆる男の子らしい運動や思い付く限りの気晴らしで時間を過ごした。悪戯はしなかった。親切な次のラテン語の先生の下で私は読書を愛し始め、スポーツをしなくなった」

巻末史料 3⁻²

アダムズからスケルトン・ジョーンズ Skelton Jones に宛てた手紙（1809 年 3 月 11 日付）
「私の父はジョン・アダムズでヘンリー・アダムズの息子のジョゼフ・アダムズの息子のジョゼフ・アダムズの息子で、すべてニュー・イングランドの独立農で以前はブレインツリーと呼ばれ、さらに昔にはマウント・ウォラストン Mount Wollaston であったこのクインジーの町で死に葬られています」

巻末史料 3⁻³

アダムズからスケルトン・ジョーンズ Skelton Jones に宛てた手紙（1809 年 3 月 11 日付）
「私の母はスザンナ・ボイルストンで、1656 年にイギリスから来てボストン近郊に農場を購入したトマス・ボイルストンの長男であるブルックライン Brookline のピーター・ボイルストンの娘です」

巻末史料 4⁻¹

アダムズからスケルトン・ジョーンズ Skelton Jones に宛てた手紙（1809 年 3 月 11 日付）
「私の人生の初期と教育はブレインツリーの町の公共のラテン語学校が最初でした。それから私の父の家から 3 軒隣のジョゼフ・マーシュ氏の私立学校に移りました。それからケンブリッジのハーヴァード・カレッジに進み、1755 年に 4 年の勉学の後に学士号を取得し、さらに 3 年後に修士号を獲得しました」

巻末史料 5⁻¹

アダムズからスケルトン・ジョーンズ Skelton Jones に宛てた手紙（1809 年 3 月 11 日付）
「ウスターの聖職者であるマカーティー氏が行政委員から権限を得て、1755 年に卒業した私の公的な場における業績を見て、その町のラテン語学校の先生に私を従事させました。そこで 2、3 ヶ月の間、とても大きな仕事をしている法律顧問で尊敬すべき才能と情報を持ったジェームズ・パットナム大佐の事務所に事務員として入りました。ここで私は彼の家族の下で下宿し、判事、弁護士、そしてこの地方の主要なたくさんの人物と話すことができ、公事に関する彼らの考えを聞くことができました」

巻末史料5⁻²

アダムズからチャールズ・カッシング Charles Cushing に宛てた手紙（1756年4月1日付）
「[人生という] この偉大で重要な演劇の中で我々はどのような役を演じるかを自由に選ぶことができます。しかし、正しい選択をするために、我々は、どのような役が我々自身だけではなく同胞に最も貢献できるかを考えるべきでしょう。完全に自分自身のために生きている者は、彼の納屋にいる牛よりも価値がありません。弁護士について考えてみましょう。人生の初めにおいて、我々は弁護士が、調和もなく意味もないような令状、訴状、請願書、明け渡し請求書、委託書、注釈書、そして1,000もの硬い癒瘡木のような言葉のがらくたの中で這い回り眠るのを見ています。弁護士が仕事にかかる時、処理できる以上に争いをしばしば助長し、彼自身よりも実直で立派な他者を貧しくする一方で彼自身を富ませます。さらに法廷の騒がしさや無味乾燥で難しい訴訟で質問したり弁護したりする労苦は、私の目からするとほとんど魅力はありません。法律の勉強は、国家の要職に至る手段であり、人間社会の幸福こそどんな人間も追求する価値がある目的なのです」

巻末史料5⁻³

アダムズの日記（1759年3月14日付）
「名声が私の思考の永続的な目的であり、私の行動の目標である。どうすれば私は名声を得ることができるだろうか。際立った才能、見識、そして徳性を持つ弁護士としてどのようにして私自身の意見を広めることができるだろうか」

巻末史料5⁻⁴

アダムズからジェファソンに宛てた手紙（1815年8月24日付）
「我々は革命という言葉で何を意味しようというのでしょうか。戦争でしょうか。戦争は革命の一部ではありません。戦争は革命の波及と結果に過ぎません。革命は人民の心の中にあり、それは1760年から1775年の15年間、レキシントンで最初の血の一滴が流されるまで育まれてきたものなのです」

巻末史料5⁻⁵

アダムズからヘゼカイヤ・ナイルズ Hezekiah Niles に宛てた手紙（1818年2月13日付）
「アメリカ革命は普通の出来事ではありません。その影響と結果はすでに非常に地球上の多くの部分に広まっています。そしていつどこでそれが止むのでしょうか。しかし我々はアメリカ革命という言葉によって何を意味するのでしょうか。我々はアメリカ独立戦争を意味しているのでしょうか。戦争が始まる前から革命は始まっていました。革命は人々の心と精神にあったのです。彼らの義務に対する宗教的見解の変化がありました。国王と国王の下のすべての権威は、自然の神から由来し、先祖から伝えられた法律と憲法によって公正さと慈悲で支配すると思われていた一方で、彼らは牧師がその善を神によって定められているように、彼らは国王と王妃、そして王家のすべてとその下にある権威に懇願する義務がありました。しかし、そうした権力がすべての権威の原理を否認し、すべての生命、自由、そして財産を破壊しようと決心していると彼らが知った時、彼らは大陸会議と13の邦議会に懇願す

るのが義務だと考えたのです。[中略]。このような原理、意見、見解、そして人民の愛着における急激な変化がアメリカ革命だったのです」

巻末史料5-6

アダムズの日記（1765年12月30日付）
「我々は今1765年という年を締めくくろうとしている。明日は、国の広がりでこれまで決して示してこなかったような寛大さと精神をアメリカが示した年の最後の日である。そして水曜日は我々に新しい年である1766年を開く日になる。我々の好意と称賛においてヨーロッパから数知れない証が我々にももたらされることを望み、我々はアメリカでかつて感じられた中で最も大きく広い喜びを印紙条例と砂糖条例、少なくとも前者の撤廃で感じるだろう」

巻末史料5-7

「教会法と封建法について」（1765年）
「キリスト教の布教以来、専制的な２つの大きな制度がその源から発した。教会法と封建法である。私が良かろうと悪かろうと説明を試みる偉大な原理である所有権への渇望は適切に規定されれば人間の精神の中で非常に有用で高貴な心の動きである。しかしそのような規定が取り払われると、それは侵害的で貪欲で絶え間ない支配されない力となる。偉大な者によってその情熱を満足させるように企まれた不正な制度は無数にあるが、教会法と封建法の発案と確立ほど成功を収めたものはない。[中略]。ここに移住者が到着した後、彼らは居住を始め、教会制度と封建制度に直接反するような教会と市民政府の案を考案した。彼らの中で指導的な者は聖職者と平信徒の両方とも分別に富み教養がある者達だった。[中略]。どのような危難があろうとも自由は支持されなければならないことは銘記するべきである。我々は神に由来する自由に対する権利を持っている。我々の父祖が我々のために、安楽、財産、娯楽、そして血を犠牲にして自由を獲得し購わなかったのであれば、我々は自由に対する権利を持ち得なかっただろう。そして、自由は、無駄なことを一切しない偉大なる神が理解力と知識欲を与えたように、その本質の定めるところから知る権利を持つ人民の間に広く知識が行き渡らずして保持され得ない。しかし、これに加えて、人民は、支配者の性質と行為に関する最も恐れ警戒すべき類の知識に対する、議論の余地がなく、奪うことができず、そして取り消すことができない天賦の権利を持っている。支配者は、人民にとって代理人、代行者、そして委託者以上のものではない。そして、大義、利益、そして信任が狡猾にも裏切られたり、気まぐれにも軽んじられたりするのであれば、人民は人民自身が信任した政府を覆し、より能力があり、より善良な代理人、代行人、そして委託者を立てる権利を持っている。[中略]。我々に読ませよ、考えさせよ、弁じさせよ、そして書かせよ。あらゆる階級の人々に意識を高め、決意を鼓舞するようにさせよ。すべての人々が政治、宗教、そして市民の基盤と原則に注意を払うようにさせよ。自然法を研究し、イギリス憲法の精神を探求し、古代の歴史を読み、ギリシアとローマの偉大な模範を熟考しよう。[中略]。宗教的自由の原理と見解を説教師に広めさせよう。[中略]。『法律、権利、権力のさまざまな仕組み』ははるか昔から由来することを法曹に宣言させ、自由を擁護するために我々の祖先が力強い戦いで無数の犠牲を払ってきたことを世界に伝えさせよう。[中略]。聖職者達が同一の喜ばしい調和を保つようにさせよう。あらゆる演説で、自由と徳性の美質を説き、不自由と卑劣さ、そして隷属と悪徳に注意を向けさせよう。[中略]。すなわち、ありとあらゆる知識を開き溢れさせよう」

巻末史料 5⁻⁸

アダムズの日記（1765年2月）
「（ピューリタンがイングランドを去ってアメリカに居住することを決定したという）決意はほとんど向こう見ずにも分別ある人々によってなされた決意である。彼らピューリタンがおおむね教養を持つようになったが、中には、彼らが憎まれ、悩まされ、鞭打たれ、切り刻まれ、吊るされ、そして焼かれてきたことだけを学ぶ者もいた。つまり、彼らはあらゆる種類の迫害を恐れるあまりに故国でのこうした惨状に救済がないと完全に絶望したために、彼らは遂に、故国での苦難と迫害、現世と来世の主権からの避難所を求めて荒野に移る決心をした。彼らがここに到着した後、彼らは居住を始め、教会制度と封建制度に真っ向から反対する教会と市民政府の計画を追求した。彼らの第1の関心事は知識を保持し普及させることであった。アメリカの最初の居住者の中で指導的な者達は分別があり教養を持った者達であった。そして、最初にやって来た聖職者達は［判読不能］歴史家、演説者、詩人、そしてギリシアやローマの哲学者に精通し、その多くは図書館に遺され、いまだに書籍の主要部分を構成しているが、偉大な彼らの息子達はその書体をほとんど読むことができない。私は常に尊敬と驚異の念を以ってアメリカの居住を、無知を照らし出す光と地上のあらゆる奴隷化された人類の解放のための壮大な情景の始まりと神の啓示と見なしている」

巻末史料 5⁻⁹

「ブレインツリー訓令書」（1765年）
「我々の理解では我々の最も不可欠な権利と自由を奪おうとする最近の内閣の多くの方策と議会の最近の諸法に対する不満をもはや我々は我慢しない。我々は主に一般的に印紙条例と呼ばれている議会の法律に限っているが、その法律はとても重く、我々の見解では憲法に反して我々すべてに課されている。そして、我々は数多くの罰則に従うことになっていて、陪審なしでの海事法廷において告訴され訴追され、通報者の選択によって解放される。我々はこれを重税と呼ぶ。なぜなら租税は多く高く、そしてこの未発達で人口も少ない国における実業にとって大きな困難をもたらすものなので、もし我々がそれに課される権利と権威についてまったく議論しないのであれば、その下で人々は生計を立てることができない。現在、少額のお金しかないことを考えれば、その法律の執行はわずかな時間で国の現金を枯渇させ、すべての財産から多くを剥ぎ取り、彼らを絶対的な乞食に変えてしまうと考えるに足る。そして、そのような実業と生計全体における激しい衝撃と激しい変化はどのような結果をもたらすのか考えるだに恐ろしい。我々はこの税が憲法に反しているとさらに理解している。我々は自らもしくは代理であれ、自由人は同意なくいかなる税も払わないというのが憲法の偉大で根本的な原則であると常に理解している。そして法律の格率は我々が絶えず受け止めているように、同じく自由人は彼自身の行動もしくは落ち度を除いて彼の財産から離されることはない。それゆえ、我々は明らかに、イギリス議会によっていかなる税でも課されるということがイギリスの憲法の根本的な原則と慣習法の精神に一致しないとみなす。なぜならもし法律上の擬制がなければ、そのような理論に基づく税が慣習上有害であるのと同じく無分別な理論であるからであり、我々はいかなる意味でもその議会を代表していないからである」

巻末史料 5-10

ボストン虐殺事件におけるアダムズの弁論（1770年12月5日）
「[陪審員] 諸君、私はあなた方に提出した証拠をそれ以上に拡大解釈することはありません。事実は頑固なもので、我々の希望や意図、もしくは情熱が命じるところが何であろうとも、事実の性質や証拠を変えることはできませんし、法はその事実よりも揺るぎないものなのです。もし襲撃によって彼らの命が危険にさらされたなら、自身の防衛のために殺害する権利を持つことは法によって明らかです」

巻末史料 5-11

アダムズの自伝（原典に日付記載なし）
「[1770年3月5日] 9時頃に我々は警鐘が鳴らされるのを聞いた。そしてそれは火事の合図だと思った。我々は帽子と外套を取ってクラブを解散し、鎮火の手伝いか、または危険にさらされている友人を助けるために外に出た。路上で我々はイギリスの兵士達が税関の近くで住民に発砲し何人かが死傷したと教わった。群衆が事件のあった場所に流れ込んだ。我々が到着した時、税関の南玄関の前に置かれた野砲とそれを守るための工兵と擲弾兵を見ただけであった。[中略]。私は怯むことなく、自由な国で告訴された人が最も欲するものは弁護であると答えた。私の意見では法曹はすべての機会と状況で独立かつ公平無私でなければならず、生命がかかっている人々は彼らが好む弁護を受けなければならない。[中略]。裁判の前か後にプレストンは私に10ギニーを贈り、兵士達の裁判の後にさらに8ギニーを贈った。それが今までの裁判の中で最も疲労した14日間か15日間の私の労苦に対するすべての金銭的報酬だった。あまねく人気を危険にさらしほとんど人気を得ることがなかった。そして非難や一般の疑念や偏見はこの時期が歴史として読まれる時まで消えたり忘れられたりすることはないだろう」

巻末史料 5-12

アダムズの日記（1773年12月17日付）
「昨夜、下等紅茶が3荷海に投棄された。今朝、軍艦が出港した。これはすべての事柄の中で最も甚だしい動きである。この愛国者による最新の努力には威厳、壮大さ、そして崇高さがあるので私は大いに称賛する。人々は記憶に残るような何かや崇高な何か、または驚くべき何かがなければ決して立ち上がらないだろう。この紅茶の破棄は、大胆不敵で、確固とした、勇敢で動じることがなく、重要な結果をもたらす長続きする事件なので歴史の一角を占める出来事だと考えざるを得ない。[中略]。この結果に対して内閣が取る方策は何だろうか。彼らはそれに対して怒るだろうか。彼らはあえてそれに対して怒ろうとするだろうか。彼らは我々を罰するだろうか。どのように。我々の間に軍隊を駐屯させることによってだろうか。特許状を破棄することによってだろうか。さらなる租税を課すことによってだろうか。我々の貿易を規制することによってだろうか。個々人を犠牲にすることによってだろうか。どのように」

巻末史料5-13

「権利と抗議の宣言」の草稿(1774年)
「現国王の即位以来、イギリス議会は北アメリカ植民地の人民を、あらゆる場合において法によって束縛する権限を主張し、上述の権限を行使し、いくつかの法によって、またはさまざまな文句をその他の法に潜り込ませることによって、上述の植民地の人民に明らかに課税しているが、それは実際には歳入を引き上げることを目的として、支払うことができるだけの『地方税と関税』を上述の植民地に課し、『地方税と関税』を集めるために行政委員会を設立し、海事裁判所の管轄を拡大している。さらに、上述のいくつかの法は、上述の植民地のすべての判事を王権のみに従属させようと意図している。さらに上述の者が即位して以来、上述の植民地に軍隊を駐屯させ養わせるために法が作られている。[中略]。さらに、現国王の治世の間、忠実で道理にかなった請願がこれらの植民地の人民の代表から国王に提出されているが、繰り返し軽視されている。[中略]。さらに議会の前会期で、3つの法が制定され、マサチューセッツ植民地内で執行が宣言された。それらの中の1つは、『製品、産品、そして商品をボストンの街および港に陸揚げすることを差し止めるための』法であり、そして『[植民地]政府を統制するための』法であり、さらに『公平な裁判の運営のための』法である。さらに同じ会期で、別の法、すなわち『ケベック地方政府に対してより適切な条項を制定するための』法も制定された。さらにこれらの植民地の善良なる人民は、イギリス議会と政権の成り行きに危機感を抱いて、彼らの信仰、法、そして自由といった秩序が覆されないように、1774年9月にフィラデルフィアの総会に出席する代表を指名した。その使命に基づいて、上述の代表は、これらの植民地の完全かつ自由な代表として集い、前述の目標を達成する最善の手段を真剣に考慮し、最初に（このような場合に普通、彼らの先祖がしたように）彼らの権利と自由の正当性を断言し、以下のように宣言する。第1に、これらの植民地の内政を規定する法を制定する権限は、それぞれの植民地にあり、個別的かつ排他的に植民地議会に与えられている。そして、上述の植民地、もしくはそれらのいずれかの内政を規定するすべての法は、どのような形式、またはどのような場合であっても違法であり無効である。第2に、上述の植民地の人民に課税するすべての法は、違法であり無効である。第3に、これらの植民地が支払うことができるだけの『地方税と関税』を課すことで歳入を引き上げることを目的とし、『地方税と関税』を集めるために行政委員会を設立し、海事裁判所の管轄を拡大する先述のすべての法は違法であり無効である。第4に、これらの植民地内の判事は国王にのみ従属するのではなく、彼らの職権は非行なき間、続くものとする。第5に、平和時にこれらの植民地内に常備軍を召集し維持することは、もし植民地議会の同意がなければ、違法であり、有害であり、危険である。そして、上述の植民地内で軍隊を駐屯させ養わせるあらゆる法は違法であり無効である。[中略]。第8に、国王に誓願を行うのは臣民の権利である。そして、そのような請願を軽視することは、最も危険な傾向である。[中略]。第10に、イギリス議会の前会期で制定され、マサチューセッツ植民地内で執行が宣言された3つの法は、その地方の人民を抑圧するものであり、これらの植民地の自由に危険なものであり、違法であり無効である。第11に、同会期で制定された『ケベック地方政府に対してより適切な条項を制定するための』法は、その地方の人民にとって不公正であるだけではなく、プロテスタントの信仰とこれらの植民地の利益を危うくするものであるから、撤廃されるべきである」

巻末史料 5-14

「ノヴァングラス」(1775年3月6日付)
　「私は、自由政府の慣行のみが諸国の常識として適切に引用され得ると言った。しかし諸国の常識と慣行は十分ではない。それらの慣行は理性的で公正でそして正しくなければならず、さもなければそれはアメリカ人を支配することはできないだろう。［中略］。諸国の慣行は異なっている。ギリシアは植民地を作り、それらに対して権威を及ぼすこともなければ要求することもなかった。彼らは明確な独立共和国となった。ローマ人は彼らの植民地を母なる共和国の管轄下に置き続けた。しかし、それにもかかわらず、彼らは町々の特権を認めていた。実際に賢明な町は、それらに似たようにイギリスの下で今、苦労している困難に気が付き始めているようである。イギリスは貴族院の絶対的管理の下で遠くの距離にある植民地を保つことができないと気付いているようである。［中略］。もしイギリス議会が我々を支配することになっているのであれば、スコットランド議会が我々の支配に参加するように我々の同意なしでどうして正義を得ることができるだろうか。それがなされた時、アメリカは憲法によって考案された社会的平等を得ることができるのだろうか。もしそうではないのであれば、アメリカ人は憲法の社会的平等の部分の恩恵を得ることができるのだろうか。そして、社会的平等はイギリスの憲法において君主主義と貴族主義と同じく不可欠のものではないのだろうか。［中略］。我々の先祖に遡れば、彼らが移住した時、王からこの地へ来る許可を得て、決して王国に帰還するように命令されず、この荒野にイギリスの憲法、もしくは完全な社会的平等、または彼らが適切だと見なす政体を樹立する明らかな権利を得た。彼らは実際、生きている間、彼らの忠誠を破ることなくイギリス国王に対して武器を取ることはできなかった。しかし彼らの子ども達は王への忠誠を抱いて生まれたのではなく、元からの臣民ではなく、そしてその結果、王からの庇護を得る資格もなく、王に縛られることもない。［中略］。ウェールズを王国に併合する議会の法律が通過したが、アメリカを併合する法律は通過していない。しかし、もしニュー・イングランドがイギリス王国に併合されるのであれば、どのようにイギリス王国に併合されるのだろうか。イギリスとスコットランドの2つの王国は、連合法によってイギリス王国の名によって1つの王国に統合されているが、その法律には一言もアメリカについて述べられていない」

巻末史料 5-15

アダムズの自伝（原典に日付記載なし）
　「私の心はイギリス軍によって町の壁の中に閉じ込められている可哀そうなボストン市民のために悲しんでいて、彼らがどのような略奪や虐殺、残酷さにさらされているのか何も我々は知らなかった。最初の策として合衆国のあらゆる植民地の人々がすべてのイギリスの士官を捕捉し丁重に人道的かつ寛大にボストン市民に対する人質として扱って、イギリス軍がボストンを解放するとともに交換するように勧めようと私は思った。我々はすべての植民地で彼ら自身のための政府を早急に彼ら自身の権威の下で樹立するように勧めなければならない。我々は植民地が自由で主権的で独立した邦であると宣言し、それから我々は喜んですべての不満を是正し恒久的な原理に基づいて両国間の関係を修復するためにイギリスと交渉するべきである。私が考えたことすべては、外国と何らかの交渉や繋がりができる前になされなければならない。私はまたイギリスに率直に我々が自由であることを伝え、もし戦争が続けば、我々がフランスやスペイン、我々に近付いてくるヨーロッパのその他の国と同盟を

結ぶ決意をするだろうと伝えなければならない。ケンブリッジに集結している軍隊を大陸軍としてすぐに採用し、将軍やその他の士官を任命し、俸給、軍需物資、衣服、兵器、そして弾薬を供給しなければならない。これが私が描いた唯一の合理的な計画である」

巻末史料5-16

アダムズの自伝（原典に日付記載なし）

「1775年9月。約束の日時に私はフィラデルフィアに戻り、大陸会議が再招集された。リチャード・ペン氏がイギリスに向けて出航し、ディキンソン氏と彼の仲間が救済になると期待している請願書を携えて行った。私は何も期待せず、軍の支援とカナダ遠征に関する方策に完全に没頭していた。あらゆる重要な方策が反対にあったが、かろうじて過半数を得て実行に移された。そのため私はほとんど絶え間なく議論に参加しなければならなかった。しかし、なされたことすべてに満足しているわけではなかったし、ほぼ毎日、私は諸植民地に政府設立について何らかの助言を行い、請願、もしくは和解的な方策と呼ばれているものからは何も良い結果は望めそうにもないという私の思いを伝えなければならなかった。私は、そのような方策はすべて、和解を生み出す傾向を持つどころか、我々が拠って立つべき自信の欠如や我々が臆病であることの証と見なされるだけであり、敵を勇気付け我々に対して厳しくあたるようにするだけだと絶えず主張した。また我々は我々自身が独立国家であることを宣言する必要があり、我々は今や諸植民地を連合させる案を準備するべきであり、諸外国、特にフランスとスペインに条約を提示するべきである。こうしたすべての方策は、独立宣言とともに熟考しなければならないし、慎重に準備しなければならない。こうした3つの方策、すなわち独立、連合、そして諸外国、特にフランスとの交渉は、緊密に連携させて行うべきであり、すべて一緒に採用しなければならない。我々が我々自身を認めるまで、そして、諸外国の間で我々が主権国家および独立国家として立場を固めるまで、諸外国が我々を認めることは期待できないだろう。今、我々は大砲、武器、弾薬、衣服、そして火打石の不足に悩まされている。人民には彼らの産品を売る市場がなく、外国との通商のみが完全に供給し得る衣服やその他の多くの物が不足している。そして、我々が独立するまで通商は期待することができない。人民は素晴らしい団結を示し、非常に勇敢である。もし我々が人民の熱意を抑制したり冷ましたりしなければ、人民から我々が求めている支援を得るにおいて何ら危ういことはない。我々が国を守る能力、戦争を支える能力、そして我々の独立を維持する能力について何ら疑問はない。我々は十分な人員を保ち、わが人民は勇敢であり、日々、戦争の遂行と統制は改善している。即座に我々は、我々の商人達に私掠船を艤装し、敵に抵抗させるべきである。大陸会議は、船を武装し、士官を任命し、海軍の基礎を築くべきである。こうした機転から大きな利点が生じるだろう。豊富な西インド諸島の産品だけではなくすべての種類のイギリスの工業製品、さらに弾薬やあらゆる種類の軍需品が手に入るだろう。全会一致で採択され、決意を以って追求されるべき、こうした方策に基づく仕組みによって、我々は確実にフランスの友誼と支援を得ることができるだろう。フランスの見解について何人かの代表が疑問を呈した。フランスは我々を反逆者と見なして眉をひそめるのではないか。そうした反逆者を支持することを忌避するのではないか。私はそうした代表達に、彼らがフランスとイギリスの関係に注意を向けていないことを危惧すると答えた。大陸にあるイギリス植民地が独立することがフランスの利益になることは間違いない。イギリスはカナダ征服と先の戦いにおける海軍の勝利によって、またアメリカと西インド諸島におけ

る広大な所領によって、勢力の絶頂を謳歌し、それはフランスが妬み、耐えざるものとなっている。しかし、誇りと妬み以上のものについても言及できる。フランスの地位、ヨーロッパにおける思惑、そしてフランスの安全と独立さえも危機に瀕している。イギリス海軍は今や世界中の海の女王である。フランス海軍はほとんど絶滅に瀕している。フランスの劣勢は甚だしく明白であり、東インド諸島と西インド諸島におけるフランスの全所領は、イギリスのほしいままにされ、北アメリカがイギリスに属する限り、そうあり続けるだろうし、あらゆる種類の海軍軍需品が満載された多くの港によってそれが可能となるし、多くの兵士と水夫が支援することができ、船員を配備することができる。利害は嘘をつくことがない。フランスの利害は明らかであり、その動機には非常に説得力がある。議会の無分別な判断以外に、フランスが我々と組むのを妨げるものはない。しかしながら、フランスとの交渉は非常に慎重、かつ我々が得られる限りのすべての予見を伴って行わなければならない。我々は、将来、ヨーロッパでの戦争に巻き込まれるような同盟をフランスと結ぶべきではない。我々は、それを決して忘れてはならない原理と原則として定めるべきであり、ヨーロッパで将来起こり得るすべての戦争において完全な中立を維持しなければならない。イギリスを破滅させるために、もしくはあらゆる方策でイギリスの精神を砕くために、またはイギリスが独立を支えることができない状況に追い込むためにフランスと結ぶのは我々の利益ではない。一方で、フランスを辱めるためにイギリスと結ぶことは決して我々の務めではない。名目ではなく我々の本当の独立は、我々の中立の上に成り立つ。将来の戦争で、もし我々がどちらかの国と結べば、我々はその国に従属しなければならず、これまでのようにヨーロッパの戦争に巻き込まれる。諸外国は、わが人民を買収し、わが議会に影響力を及ぼす手段を見いだし、遂には我々をヨーロッパの内閣が糸を操るままに踊る傀儡とするだろう。我々はヨーロッパの揉め事や政局の玩弄物ではない。したがって、諸外国に提案する条約を準備するにあたっては、そして、公使に指示を与えるにあたっては、我々は厳密に通商条約に限るべきである。我々がフランスから欲するすべての支援に対して、そのような条約で十分な補償となる。アメリカの通商をフランスに開くことは、フランスの通商と海軍力にとって大きな資産になり、東インド諸島と西インド諸島の所領や漁場を守る大きな助けとなる。イギリス帝国の分断は、計り知れない安全と利益をフランスにもたらす。たとえ、フランスがさらに8年か10年の戦争に引きずり込まれたとしても、それは我々がフランスに求めるすべての労苦よりも価値がある。こうした見解を大陸会議で私が述べるまで、会議やその他にこれほど大きな感銘を与えたのを私は見たことがなかった。注目と賞賛が全員の顔に表れていた」

巻末史料5-17

アダムズの自伝（原典に日付記載なし）
「1775年と1776年は秋、冬、そして春を通して絶えず働いていた。［大陸］会議の開会中は会議に出席し、諸委員会に朝と夜に出席し、［大陸］会議の他のどの代表よりも多くの仕事を成し遂げたことは間違いない」

巻末史料5-18

アダムズの自伝（原典に日付記載なし）
「反対はいまだに根深かったものの、［大陸］会議の多くの代表達がさらに辛抱強く私の主張を聞き、政府の問題について意見を聞く者も現れた。『人民はどのようにして政府を樹立

すべきか』。私の答えは『自由に公正に比例的に選ばれた代表者会議によって』。『代表者会議が政府もしくは憲法を樹立しても、人民がそれを受け入れるかどうか我々はどのようにして知るのか』。『もし何らかの疑問があれば代表者会議は憲法案を数多くの町、共同体、地区にいる人民に送り、人民自身の法律として受け入れさせることができる』。『しかし、人民は憲法について何も知らないのではないか』。『その仮定には多くの誤りがあると私は思う。もしあなたが誤っていないにしても、人民は彼ら自身が選んだ友人が準備した案に反対しないだろう。しかし、私はかなりの数の人民に、彼らの代表と同じ問題を理解している人々がいて、その他の者を啓蒙すると思います』。『ではどのような政府の案をあなたは勧めるのですか』。『国の諸状況が許す限り、生まれ育った政府に似ている案が良いでしょう。我々の間には王はいません。貴族もいません。国には世襲制が存在したことはありませんし、そのようなことを国が求めたり認めたりするとは思えません。しかし、総督と議会を代表者と同じく我々は常に持ってきました。三権の中で立法府が維持され、判事は独立していなければなりません』。『どこでどのようにして我々は総督や議会を得るべきか』。『選挙によって』。『どのように選挙するのか』。『代表者会議の人民の代表がその形式を考案するのに最適でしょう』」

巻末史料5-19

アダムズからアビゲイルに宛てた手紙（1776年3月19日付）
「私の価値ある同胞市民は私については安心できます。彼らの利益を私が見捨てることは決してありません。私自身の利益は、彼らの利益と競合するなら決して考えるべきものではありません。私の安楽、私の家庭内の幸福、私の田舎での楽しみ、私の些細な財産、私の名声、そして私の人生は、私自身の見積もりでは、わが国の偉大な目標に比べれば、いまだかつてないほど取るに足らないものなのです」

巻末史料5-20

アダムズの日記（1772年12月31日付）
「地獄で正義がないのと同じく、イギリスに正義など残されてはいないと私は言った。そして、私は戦争を望んでいるとも言った。ブルボン家がイギリスの後ろについている。イギリスに対して徹底的な嫌悪を抱いていると率直に言った。戦時に聖職者が敵に対して願うのと同じく、何かが彼らに起こればよいと願い、彼らに正気がもたらされるか、それとも破滅がもたらされればよいとさえ思う」

巻末史料5-21

アダムズからジェームズ・ウォレン James Warren に宛てた手紙（1775年7月6日付）
「我々は即座にすべてのイギリス政府の専制政治と税関を解体し、コネティカットが樹立したような政府を我々自身の政府としてすべての植民地で樹立し、相互防衛と我々の港をすべての国々に直ちに開くために永続的な絆で連帯しなければなりません。これこそあなたの友人が最初から終わりまで促進しようとしてきた制度なのです。しかし、植民地がそれを受け入れるほどには機は熟していません」

巻末史料 5[-22]

アダムズの自伝（原典に日付記載なし）
「この冬の最中、壊滅的な隕石のような現象がフィラデルフィアで起きた。トマス・ペインのことである。彼はイギリスからやって来て、話をする仲間のところに行って、我々の問題に関する情報をできる限り駆け回って集め、独立に関して大きな問題があることを発見した。彼はある時、独立の必要性のようなありがちな議論を見たところから情報を拾い集めた。今がまさにうってつけの機会であること。独立の正当性。独立を誘発すること。独立を維持する我々の能力など。ラッシュ氏がその問題について彼に書かせ、大陸会議で100回も呼びかけられてきた議論を彼に提供し、『コモン・センス』の表題を与えた。冬の後半、もしくは早春に彼はパンフレットとともに登場した。独立に賛同する論については非常に気に入っている。しかし、本の3分の1は、旧約聖書に基づいて、君主制がいかに不法であるかを証明するために埋められ、さらに3分の1は諸邦の政治形態を一院制に、そして合衆国には大陸会議を据えるという計画で埋められている。旧約聖書に基づく彼の論は馬鹿げているが、まったくの無知によるものか、または愚かな迷信によるものか、もしくは詭弁的で狡猾な見せかけによるものなのかは分からない。残りの3分の1は、政治形態に関してだが、それは単に無知によるもの、そして、マットラック氏、キャノン氏、そしてヤング氏を頭とするフィラデルフィアの衆愚的な考えを持つ人々を喜ばせたいと思っただけのものだと思う。しかしながら、私は、諸植民地の政府設立に対する大陸会議の指示のみを待ち焦がれている合衆国の人民にこうした馬鹿げた案が推奨されるのを見て残念に思う。このパンフレットが人民に広範な影響を与えることを恐れ、全力を尽くしてその影響に抗しようと決意した。大陸会議での絶え間ない仕事のために何か長いものを書く時間はなかった。しかし、短いパンフレットを書く時間はあった。私はそれをリチャード・ヘンリー・リー氏に見せると、非常に気に入ってくれ、私の許可を得て出版したいと言った。彼は「政府論、ある紳士から彼の友人への手紙」という題名でダンラップ氏にそれを印刷させた。『コモン・センス』は匿名で出版されたので、私も名前を伏せたほうがよいと考えた。しかし、『コモン・センス』が最初に登場した時に、人々がその作者を私かサミュエル・アダムズ氏だとおおむね考えていたので、私の名前を出さなかったことを後悔した。［中略］。私のパンフレットが登場した直後にペインは私の下宿を訪れて、一夜をともに過ごした。彼の用向きは私がパンフレットを出版したことを非難することだった。『コモン・センス』で提案した案を損ない、水を差すものではないかと彼は言った。私は、それは本当であり、そのためにパンフレットを書いて出版に同意したと彼に言った。というのは彼の案が私の案と誤解される恐れが十分にあったからである。彼の案は、何ら抑制もなく、均衡や対抗を試みる策もなく衆愚的であり、混乱とあらゆる悪弊を生み出すに違いない。さらに私は、旧約聖書からの論理付けは馬鹿げているし、本気だとはまったく思えないと彼に言った。これについて彼は笑って、その部分はミルトンから着想を得たと言った。そして、旧約聖書、実際は聖書の大部分に対する軽蔑を彼があらわにしたので私は驚いた。［中略］。『コモン・センス』の3分の1は、独立問題について直接関連しているが、私が大陸会議で9ヶ月もの間、繰り返し論じてきたことを大雑把にまとめたものを含んで明らかに書かれている。［中略］。このパンフレットが革命の中で非常に重要であったことは一般的な意見である。当時、私はそれを疑わしく思っていたし、今日でも疑わしく思う」

巻末史料5⁻²³

『政府論』(1776年1月)
「理論的には確かに人民の同意のみが政府の道徳的な唯一の基礎です。しかし、我々がこの原則を行うにあたってどの程度まで行うべきでしょうか。つまり、社会のあらゆる個人、老若男女、富める者、貧しい者も明らかにあらゆる立法に同意しなければならないのでしょうか。否とあなたは言うでしょう。これは可能なことです。彼らの意思に反して少数者を多数者が支配する権利がどのように生じるのでしょうか。彼女らの同意なくどこから男性が女性を支配する権利が生じるのでしょうか。彼らの同意なく老人が若者を拘束する権利がどこから生じるのでしょうか。社会全体のあらゆる年代、階層、性別、そして条件の者が投票権を持つと仮定しましょう。こうした社会は1つの大多数の声によって動きが生まれ、まとまります。少数者はこれに同意しないでしょう。どこから多数者が支配する権利と少数者が従う義務が生じるのでしょうか。あなたは、その他の規則が無いので必要に応じてと答えるでしょう。しかし、なぜ、女性を除外するのでしょうか。あなたは、彼女らは繊細なために、激しい戦争の遂行や骨の折れる国事など人生の重大な出来事に関する実務と経験には不向きだと答えるでしょう。さらに彼女らの注意は必然的に子ども達の養育に向けられるので、本質的に家事に向いています。そして、子ども達は彼ら自身の判断と意思を持っていません。それが真実です。しかし、こうした理由は他にも適用できるのでしょうか。おおむねあらゆる社会には財産に乏しく、正しい判断しようにも世事にあまり詳しくない男性がいて、他の者に依存し過ぎて彼ら自身の意思を持たないということもまた真実ではないでしょうか。[中略]。社会は一般原則によってのみ支配され得ます。政府自体があらゆる特殊事例が起きた時にそれを受け入れることはできませんし、個々人の特別な事情も受け入れられません。事例と個々人に対して一般的で包括的な規則を作らなくてはなりません。唯一の問題は、どのような一般原則が最も多くの事例と個々人を包含できるかです。それによれば、選挙資格を変更しようとする試みのように好結果をもたらそうとして議論や口論の種を生じることは危険です。それには終わりがありません。新しい主張が起こり、女性も投票権を要求するでしょう。12歳から21歳の年少者も彼らの権利が十分ではないと考え、一銭も持たないあらゆる男性達もその他の植民地のすべての法律と同等の権利を要求するでしょう。それはすべての区分を混同し破壊する傾向があり、すべての階層を1つの低い水準に堕してしまう傾向があります」

巻末史料5⁻²⁴

産業振興を呼びかける決議案(原典に日付記載なし)
「上述の[大陸]会議に、すべての植民地に農業、芸術、製造業、そして商業を改善するための協会を設立し、そして、そうした協会の間で連絡を維持する早急な措置を取るために、住民を支援することでわが国にもたらされる数多くの本質的な利益を軽視しないことを推奨することを決議する。上記の会議に、早急に、今、理解されていない帆布生地、帆布、そして鋼の製造を導入する手段と今よりもそれらを促進し、増大させ、改善する方法を考えることを推奨することを決議する」

巻末史料 5-25

独立決議（1776年6月7日付）
「[次のように] 決議する。すなわち、全植民地は自由であり独立した邦であり、その権利は当然、認められるべきこと、イギリス国王に対するすべての忠誠から解放されること、そして、全植民地とイギリス国家の間にあるすべての政治的紐帯は解除され、遂には完全に解除されること。外国と同盟を結ぶために最も有効な措置が即座に取られること。連合を形成する案を準備し、それを各植民地に伝え、考慮のうえ承認を得ること」

巻末史料 5-26

大陸会議で追求すべき方策の覚書（1776年2月頃）
「連合規約を条文ごとに取り上げる。フランス及びスペインと同盟を結ぶ。両国に使節を送る。すべての植民地に責任を負う政府。硬貨と紙幣を規定する。軍を募りカナダとニュー・ヨークを維持し、セント・ローレンス川とハドソン川を確保する。麻と帆布製造の促進。すべての植民地に弾薬製造所を作って硝石を作るよう試みる。植民地の住民に演説する。鉛・硝石調達委員会の人数を満たし、硫黄の調達を任務に加える。主計官にお金を送り、債務を支払い契約を履行する。課税を行い、資金を確立する。借入証に対して利子を設けて新しい紙幣を発行する。フランス、スペイン、オランダ、デンマークとの通商条約。独立宣言、宣戦布告、英領西インドの船や砂糖船などイギリスとの貿易に対する巡回。金銀の流出の防止」

巻末史料 5-27

アダムズの自伝（原典に日付記載なし）
「独立宣言を起草する委員は、トマス・ジェファソン、ジョン・アダムズ、ベンジャミン・フランクリン、ロジャー・シャーマン、そしてロバート・リヴィングストンであった。ジェファソン氏はこれまで約1年間、大陸会議の代表を務めてきたが、議場にはほんのわずかの時間しか出席せず、出席した時も公衆の面前では決して話さなかった。議会の間中、私は彼とともに座っていたが、彼が一時に3つの文章を話すのを聞いたことがなかった。そのような重要な委員に彼がどのようにして任命されたのかを聞くのは当然のことだろう。理由は1つだけではない。ジェファソン氏には名文家の名声があった。彼は、植民地議会のために書いた素晴らしい公文書の結果、それが彼に素晴らしい書き手という性質を与えたのだが、ヴァージニアの代表に選ばれていた。もう1つの理由は、リチャード・ヘンリー・リー氏が、ヴァージニア代表の同僚の大部分から好まれておらず、ジェファソン氏が彼に取って代わる対抗手として立てられたからである。これは主にペンでのみなされた。というのは、ジェファソン氏は、雄弁や公の場での討論では彼やそれ以外の者にもかなわないからである。[中略]。ワシントン、フランクリン、そしてジェファソンの例は、公衆の面前における沈黙と控え目な態度は、議論や弁舌よりも効果的であることを十分に示している。[中略]。[独立宣言起草] 委員会は、何度か会合を行い、独立宣言を構成する条項とその下書きが提案された。それから委員会は、ジェファソンと私を草稿の形式を整え、ふさわしく装うように任命した。小委員会が招集され、下書きが考案され、所見が加えられ、それからジェファソン氏が私にそれらを下宿に持ち帰って草稿を作るように求めた。それを私は拒んで、拒否の理由をいくつか挙げた。1つ目 [の理由] は、彼はヴァージニア人であり、私はマサチューセッツ人である。2つ目 [の理由] は、彼は南部人で、私は北部人である。3つ目

［の理由］は、物事を進める際に、昔から絶え間のない激情があるせいで私は感じが良くないので、私の草稿は会議で、私の手になるものとしてより厳しい邪推と非難にさらされる。4つ目［の理由］、そして最後［の理由］は、もし他に十分な理由があるとすれば、彼の素晴らしい文才を私は非常に高く評価しているし、私自身の文才など全くかなわないからである。それゆえ、彼の手で草稿を作成するにあたって何もためらう必要がないと私は言った。それで彼はそれらを持ち帰り、1日か2日経ってから私に草稿を差し出した。私が何らかの訂正を提案したかどうかは覚えていない。5人委員会に報告がなされ、吟味を受けたが、どのような変更や訂正があったかは覚えていない。しかし、少なくとも実際には、それは大陸会議に報告され、激しい批判と最も雄弁ないくつかの段落を除いた後、1776年7月4日に採択され、世界に発表された」

巻末史料 5-28

アダムズからティモシー・ピカリング Timothy Pickering に宛てた手紙（1822年8月6日付）

「小委員会が招集されました。ジェファソンは私が草稿を作成するように提案しました。私は、『私はできません』と言いました。『あなたがそれをすべきです』。『まいりましたね』。『なぜあなたではだめなのですか。あなたがすべきでしょう』。『私はできません』。『どうして』。『理由は十分あります』。『あなたの理由とは何ですか』。『1つ目の理由、あなたはヴァージニア人であり、ヴァージニアがこの仕事の先頭に立つべきでしょう。2つ目の理由は、私は受けが良くないので、人気がないかもしれない。あなたはまったくそうではない。3つ目の理由は、あなたは私よりも10倍は上手に書くことができる』。『そうですか。もしあなたがそう決めるのであれば、私はできる限りのことをします』とジェファソンは言った。『結構です。草稿を仕上げたら、また会合を行いましょう』。したがって我々は会合を行い、草稿を精読しました。私は、草稿に満載された高邁な文体や火花が散るような雄弁、特に黒人奴隷制に関するところに満足しました。私は南部の同胞が奴隷制に関するところを大陸会議で通そうとは決してしないことが分かっていましたが、強く反対はしませんでした。もし私が草稿を作成したのであれば、挿入しなかったであろう表現が他にもありました。特に国王を暴君と呼んだ部分です。それは非常に個人的なものだと思いました。というのは、私はジョージ［3世］がその性質と本質において暴君であるとは決して思えなかったからです。彼は公的な立場において非情であるだけで、大西洋の両岸で彼の廷臣によって騙されていると私はずっと信じていました。荘重で厳粛な文書にとって、そうした表現は、過度に情熱的で、やや叱責が過ぎるのではないかと思いました。しかし、直後にフランクリンとシャーマンがそれを吟味した時に、削除するのは私［の役割］ではないと思いました。私はそれを報告することに同意しましたが、まったく変更をしなかったかどうかは今、思い出すことはできません。我々はそれを5人委員会に報告しました。それは読み上げられましたが、フランクリンかシャーマンが何か批判したかどうかは思い出せません。我々はみな急いでいました。大陸会議が待ちきれない様子だったので、私が思うに、ジェファソンが最初に書いたままの手稿が提出されたように思います。大陸会議は、私が予期したようにその約4分の1を削除しました。彼らは最善の箇所をいくつか抹消しましたが、もし残っていれば反対を受けそうな部分はすべて残しました。草稿がなぜ公表されないか私は長い間、疑問に思ってきました。おそらくその理由は、黒人奴隷制に関する箇所への激しい攻撃でしょう」

巻末史料 5-29

アダムズの演説（1776 年 7 月 1 日付）
「最も途方もなく雄大な目的、生まれている者といまだに生まれていない者の数百万人の生命と自由が関わる方策が今、我々の前にあります。我々は、世界の歴史の中で最も完全で予期できず、そして顕著な革命のまさに最中にあります」

巻末史料 5-30

アダムズの日記（1776 年 7 月 1 日付）
「神の前で私はその時が来たと信じた。この方策を私の判断は認め、私のすべての心情はその中にある。私が持つすべてのもの、私が私であるすべてのもの、そして私がこの生活の中で望むすべてのものが今、ここで賭けられようとしている。そして、私が始めたように去る時には、生きようとも死のうとも、生き延びようと滅びようとも独立宣言に賛成する。それが私の生きた見解であり、そして神の祝福によって私の死すべき見解となるだろう」

巻末史料 5-31

アダムズからアビゲイルに宛てた手紙（1776 年 7 月 3 日付）
「この宣言を維持し、これらの植民地を支持し守るために我々が支払わなければならない苦労、血、そして財産について私はよく分かっています。けれどもすべての憂鬱を通して私は魅惑的な光と栄光の光線を見ることができます。すべての手段よりも目的のほうが価値があると私は知っています。そして、我々が悔やむかどうかは神次第ですが子孫達はそうした日々のやり取りを祝うでしょう」

巻末史料 5-32

アダムズの自伝（原典に日付記載なし）
「フランスに提案する模範条約を準備する委員会は、ディキンソン氏、フランクリン氏、ジョン・アダムズ氏、ハリソン氏、そしてロバート・モリス氏から構成される。この問題について我々が熟慮するために集った時、以前、私が大陸会議で明言し擁護したのと同じ原則を強く主張した。つまり、我々は後に困ったり、将来のヨーロッパの戦争に巻き込まれたりするような同盟はすべて避けるべきである。我々に関する限り、通商条約はイギリスの通商法を撤回させるものとして作用するだろうし、我々の商業の恩恵に等しくフランスが与れるようにすれば、フランスは製造業を振興し、その大地と農業からの産品の輸出を増大させ、通商と貿易を拡大し、海軍力の資質を高め、現在の屈辱、困難、そして腐敗から脱して、海外領土を守るにおいてイギリスと対等以上の立場に立つことができる。そして、海上におけるフランスの独立を維持することができれば、たとえフランスが戦争に巻き込まれようとも、我々の独立を認め、我々に軍備を提供し、資金を渡し、時には信用を供与し、我々が望むように必需品を供給することに対する十分な代償となる。明らかに我々の独立を承認することで戦争が起こるかもしれないが、必ずしもそうなるとは限らない。我々が独立を断言した後に独立を承認することは、国際法上、正当な開戦理由となる敵対行為とは見なされないからである」

巻末史料5⁻³³

アダムズからホレーショ・ゲイツ Horatio Gates に宛てた手紙（1776年3月23日付）
「この戦争の成功は、政治という船をいかにうまく操舵できるかにかかっています。個々の植民地で憲法を作成する一方で植民地全体の憲法も作成することには困難がありますが、各植民地は独自の政府を持つべきであり、それから全植民地の間で連合を形成すべきです」

巻末史料5⁻³⁴

アダムズからアビゲイルに宛てた手紙（1776年7月29日付）
「もし連合規約ができるとしたら、大きな問題はどのようにして我々が投票するかです。各邦が1票ずつ数えられるのか。それともその人口、富、輸出入、もしくはそのすべての混合比で各邦に割り当てられるのか。その他の問題は、連合会議が、太平洋に達する特許、もしくは宣言、委任状によって残りの邦にとって危険になるまで強大になってしまうのを妨げるために、各邦の領域を制限できる権限があるのだろうか」

巻末史料5⁻³⁵

アダムズの自伝（1806年12月1日）
「次回の選出を辞退するのが私の意図で、弁護士業務に戻るつもりだった。私が4年間、大陸会議にいた間、私の財政状況は顧みられなかった。私の債務者は破産し、紙幣は暴落した。私は日々、17年間の勤労の成果を失いつつあった。私の家族は非常にささやかな過去の稼ぎで暮らしていた。［中略］。私の子ども達は教育において私の配慮なく成長し、4年間の大陸会議における報酬は農場で働いている者への支払いにも足りないものであった」

巻末史料5⁻³⁶

アダムズの日記（1778年2月21日～2月23日）
「この3昼夜の間に私が見たこと、聞いたこと、そして感じたことを描こうとする試みは無益だろう。海洋、波、風、船とその動き、揺れ、ずぶ濡れの状態と苦痛、そして、水夫達の表情と言動を描くことも不可能だ。誰も自分の足で立っていることができず、何もその場に留めておくことができなかった。船のあらゆる部分のあらゆるもの、櫃、樽、瓶などが完全に破壊され、乾いている場所も人もなかった。この間の一夜、雷が落ちて3人の男が甲板に叩きつけられ、その中の1人が肩に火傷を負った。それに主檣も被害を受けた」

巻末史料5⁻³⁷

アダムズの日記（1778年6月7日付）
「王妃は極めて崇高で美しい存在なので筆舌に尽くし難い。王妃のドレスは悉く能うる限りの技芸と富が凝らされている。栄えあるメイドの1人が私に語るには、王妃は1,800万リーヴルのダイヤモンドを身に着けているとのことで、ドレスのお蔭で王妃の威厳がさらに増していると私は終始思った。王妃は美しい顔色をしていて、それは完全に健康であることを示していた。顔立ちも姿も端整な女性であった」

巻末史料 5⁻³⁸

アダムズからアビゲイルに宛てた手紙（1778年4月12日付）
「フランスのお楽しみやパリの華麗さは私にとっていったい何になるというのでしょうか。あらゆるものすべてを見ても私はほとんど楽しみを感じません。なぜなら私はそれらを、高潔な人間の心と偉大な品性を時間と富に交換して得られた些細なものだと思わざるを得ないからです。どのような時代であれ、国であれ、華麗であればあるほど、徳性が劣るのではないかと疑わざるを得ません。しかし、私の愛する祖国は、華麗で優美で贅沢でありたいという傾向以上に力や機会を欲しているのではないかと思います」

巻末史料 5⁻³⁹

アダムズからアビゲイルに宛てた手紙（1778年6月3日付）
「わが愛する祖国の人々よ。どうしたら私はあなた達にヨーロッパの病を避けるように説得することができるだろうか。贅沢は、大西洋のそちら側でもこちら側と同じく魔法のような魅惑です。そして、贅沢は、それがある時はいつでも、人間の本質から神の像を拭い去るのです」

巻末史料 5⁻⁴⁰

アダムズの日記（1779年4月22日付）
「家に帰る喜びは大きい。しかしフランスを去ることはまったく悔しいと告白する。私は、テーブル、夕食、晩餐などで話される会話を理解することができ、郵便局長や騎手頭、宿の主人などと国を旅するにおける用事を自分でできるくらい十分に言語を理解し始めたところであった。私は店へ行くことができ品物を確かめ、そして店主の片言をすべて理解することができ、または普通よりも少しはっきりと話す忍耐強さを持つ紳士と座って話すこともでき、会話をうまく維持することができた。旅で一番良い方法は宿屋で人々、いわゆるお仲間達とともに食事することである。あなたはここでさまざまな人々と会うだろう。その人々は上品だが少しワインを飲むと舌が滑らかに動き始め、この方法でおそらく他のどのような方法よりもあなたは言語、慣習、習慣、法律、政治、芸術をより学ぶことができる。あなたは自身の尊厳を保つべきであり少しだけ話を多く聞くべきであり、特に誰かと親しくならないことです。というのは毒舌家、賭博師、いかさま師、放浪の道化師がいたり、つまりさまざまな人々がいて集まって夕食や晩餐をとるのであり、注意を払うことなくそうしたお楽しみや気晴らしに参加すると高くつくことになる」

巻末史料 5⁻⁴¹

アダムズからベンジャミン・ラッシュ Benjamin Rush に宛てた手紙（1809年4月12日付）
「1779年にフランスから帰って来た時に、マサチューセッツ邦の憲法制定会議のブレインツリーの代表として私が選ばれたことが分かりました。約400人の代表達とともに私は憲法制定会議に出席しました。ここで私は政府に関して馬鹿げた見解の混沌があったので、総会の前やその直後の全体委員会で多くの代表達に特に不人気な主義を毎日のように主唱し、案を提案しなければなりませんでした。副知事のカッシング Cushing は公然とペンシルヴェニアのような一院制を支持しました。サミュエル・アダムズも同じ意見でした。ハンコック

氏は知事だったために中立を保っていました。つまり私は最初は、ウィス氏への手紙の中の構想［『政府論』］を受け入れたエセックス派 Essex junto の支持しか得られませんでした。彼らは弱々しく私を支持し、最終的には、知事にすべての法律に対して完全な拒否権を与えるという私が目指した高い目的に邁進することはありませんでした。しかしながら彼らは私に憲法を起草させ、それは最終的にたいそう悪いことにもいくつかの修正を受けて採択されました。この会議で私が良い政府のためにとった大胆で決定的な役割は、政府に関して私が共和主義とは両立がほとんどできないような過激な原理と強い概念を持っているという評判を与えることになりました」

巻末史料 5-42

アダムズの日記（1780 年 1 月 8 日付）
「我々は 1 リーグごとに村を通った。村はすべて泥と麦藁で作られていた。木材や木、そして石もなかった。村々はすべて崩壊しかかっているように見えた。すべての村には、たとえ王や領主に何も納めないとしても村を崩壊させ、その周りの田園を破滅させるのに十分な数の教会と修道院がある。しかし、その 3 つ、教会、国家、貴族は、私がそれよりも意思を挫くものが思い付けないほど人々を疲弊させている。この小さな村には 4 つの教区教会と 2 つの修道院がある。1 つの修道院は修道僧のためのものでもう 1 つは尼僧院であり、聖フランシスコの戒律に従っている。教区教会とその助任司祭はここで人々からの教区税によって養われている。彼らは 10 ポンドの羊毛ごとに税を納め、ワイン、穀物、蜂蜜の 10 分の 1 を納める。つまり、すべてのものからだ。善良な助任司祭はこうした厳しさを公正さと運用法によって度々緩和している。大司教は人々の善のためにできることをすべて、新しい教区を作り古い教区を意のままに変える力を持っている」

巻末史料 5-43

アダムズの日記（1782 年 8 月 17 日付）
「この国に到着して以降よりも、私は政治的思索を楽しんだことはありません。すべての人々は彼ら［自身］の予言を持っています。そして、あらゆる予言が矛盾に満ちています。第 1 の者はアメリカがフランスを無視すると言います。また別の者はフランスとスペインがアメリカを見捨てるだろうと言います。第 3 の者はスペインがフランスとアメリカを見捨てると言います。第 4 の者は、アメリカがヨーロッパすべての利益に反していると言います。第 5 の者はアメリカが巨大な産業国となり、ヨーロッパを破滅させるだろうと言います。第 6 の者は、アメリカは巨大な陸海軍国となり、非常に野心的になってヨーロッパを脅かすだろうと言います。つまり、まるで彼らはあらゆる不可能なことについて研究しているようなもので、それらをあり得る未来の出来事として予言しているかのようです」

巻末史料 5-44

「総督夫妻に捧げる覚書」（1781 年 4 月 19 日）
「しかし、おそらく他のどのような国の間における友誼よりも強い影響力を持つこの時代の事実は通商上の大きな拡大する利益でしょう。地球上の全体を通じて、閣下は完全な主人であるので、私がよく知られているようなことを言うまでもありません。しかしながら、こ

の国の中心的な状況、その拡大する海運業、その西インド諸島と東インド諸島の所領、その商人達の情報収集、その資本家の数、そして、その資金の豊かさは、アメリカと関係を好んで結ぶことにかかっているとほのめかすことは不適切とは言えないかもしれません。そして、一方でアメリカの産品の豊かさと種類の多さ、工業製品の材料、海運業、そして通商、アメリカにおけるバルト海や東インド諸島から来るヨーロッパ製品と商品の莫大な需要と消費、そして、オランダが西インド諸島に所領を持つという状況は、合衆国がこの共和国にとってその繋がりにおいて有益であることを認めざるを得ません」

巻末史料5-45

アダムズの日記（1782年11月3日付）
「現在のアメリカとイギリスの行いは、鷹と猫に似ている。農場の上を舞っていた鷹が小さな動物を見つけて野兎だと思った。鷹は飛びかかってそれを持ち上げた。空中で猫は歯で鷹の首に噛みつき、前後の爪で身体を纏わりつかせる。鷹は引っ掻かれ押されていることに気が付き、何とか猫を振り落とそうとする。猫は嫌だと言う。私は落とされたくはない。ゆっくり下降して降ろしてくれと言う」

巻末史料5-46

アダムズの日記（1782年11月30日付）
「全能の神が、ニューファンドランドの浅瀬をアメリカ人から300リーグ離れていて、フランス人やイギリス人から600リーグ離れた場所に作ったのに、神は善良にも後者に権利を与えておきながら前者に同じ権利を与えなかったとでも言うのだろうか。もし創造において権利を与えたのであれば、少なくとも、それがあなた方［イギリス］の権利であるのと同様に我々の権利である。もし占有的使用や所有が権利を与えるのであれば、あなた方が権利を持っているのと同じくらい明白に我々は権利を持っている。もし戦争や流血、そして資産が権利を与えるのであれば、あなた方の権利と同じく我々の権利も適切なものである。［中略］。もし、そうした権利が否定され得ないのであれば、なぜ権利は認められないのか、そして議論の外に置かれるのか」

巻末史料5-47

アダムズから大陸会議議長サミュエル・ハンティントン Samuel Huntington に宛てた報告（1780年4月18日付）
「オーストリア家を除く―除外すべきかどうかは定かではありませんが―すべてのヨーロッパ諸国は、アメリカ革命を歓迎し、多くの観点から、特に商業とヨーロッパの勢力均衡の両方の点から、アメリカの独立が彼らの利益と幸福になると考えていると、見聞きしたすべてのことから私は確信しています。しかし、ヨーロッパ諸国の1つとして、スペインやフランスさえもアメリカが急速に大国として勃興することを望んでいないと考えるに足る理由が多くあります。それゆえ、我々はどのように我々の考えを強調するか、ヨーロッパ諸国の度量と寛大さをどのように誇張して表すのかに注意を払うべきです。ヨーロッパ諸国だけではなく、我々と我々の子孫に何がふさわしいかを忘れてはなりません。何はさておき、ヨーロッパ諸国の戦争や政局にできるだけ巻き込まれないようにしましょう。ヨーロッパ諸国と

我々の関わり、我々とヨーロッパ諸国の関わりは、政治ではなく、ましてや戦争ではなく商業なのです。アメリカがヨーロッパの戦争や政治に翻弄されるのはもうたくさんです」

巻末史料 5-48

アダムズからアビゲイルに宛てた手紙（1783年9月7日付）
「こうした状況の下、私はもう一冬［ヨーロッパに］滞在しなければならない。私は家に帰ることを何とも弁明できない。しかし、家族の切望を叶えるためにできることがある。聞くところによると、連合会議は春に家に一度戻れるように休暇を与えてくれるだろう。今秋、私のもとに来て、一緒に春に家に帰るというのはどうだろう。［中略］。君が［こちらに］着いたあかつきには、十分に家族に会うことができるだろう。君の到着を聞いたら、すぐに私はとにかく早馬をとばして君を迎えに行こう。そしてもし気球がさしあたって安全に空を航行できるように改良が施されたら、私は気球に乗って毎時30ノットで飛んで行く。莫大な費用がかかるかもしれないが、これは私の真摯な願いだ。君の負担が大きくなるかもしれないが、私と一緒に必ず春に帰ろう。私は君がいなくて不幸なので万難を排して君にこちらに来て欲しい」

巻末史料 5-49

ジョージ3世への声明（1785年6月1日）
「陛下、アメリカ合衆国は私を全権公使に任命しました。［中略］。陛下の臣民とわが国民の間の自由で友好的な交流を発展させるという望みと全会一致の意向を陛下に請け合うという命令を表明することは私の義務です。［中略］。合衆国から陛下の宮廷への公使の任命はイギリスとアメリカの歴史の一時代を築くでしょう。外交官として陛下の前に最初に立つという栄誉を認めるにあたってわが国民よりも私自身、幸運だと思っています」

巻末史料 5-50

『擁護論』（1787-1788年）
「すべての時代の歴史から集めた中心的な事実がもし1つあるならば、それは、人民の権利と自由、そして憲法の下の民主的な混合政体は、強力な行政府がなく、もしくは行政府を立法府から分離しない限り決して保持されないということである。もし行政府の権力、もしくはそのかなりの部分が貴族的、もしくは民主的な議会に委ねられるとすれば、鉄が錆びてしまったり砒素が人体を毒したりするのと同じようにそれは立法府を腐敗させてしまう。そして立法府が腐敗した場合、人民は破滅させられる」

巻末史料 5-51

アダムズからアビゲイルに宛てた手紙（1794年2月4日付）
「道徳と政治においてのみ本質的な平等があります。それはすべての人々が独立していることを意味しています。しかし、身体的な不平等、知的な不平等、そして最も重大な不平等が神によって不変のものとして設けられています。そして、社会は、それが社会にとって良いものだと判断されれば、他にも不平等を設ける権利があります」

巻末史料 5-52

アダムズからジェファソンに宛てた手紙（1787年12月6日付）
「あなた［ジェファソン］は君主制を恐れています。［その一方で］私は貴族制を恐れています。それゆえ、大統領に上院よりも強い権限を与えるほうがよいと私は考えています。また、すべての官職を任命する権限を—大統領によって任命された枢密院の助言を得るにしても—大統領に与えるほうがよいと私は考えています。もし枢密院の構成員でなければ上院議員及び上院にも決定権や発言権を与えないほうがよいでしょう。上院に官職を分配する決定権を与えた結果、党派心や不和が生じるに違いありません。あなたはいったん選ばれた大統領が何度も選ばれて終身となることを恐れています。そのほうがよいように私には思えます。あなたは外国による干渉、陰謀、影響を恐れています。私もそうです。しかし、選挙が度々行われれば、外国による干渉の危険も繰り返されることになります。選挙の回数を減らせば、それだけ危険も減るでしょう。そして、もし同一人物が再選されれば—再選されることは十分にありえますが—外国による干渉の危険は減るでしょう。外国人は、見込みがないことを悟って、そういう企みを行う気力を失ってしまうでしょう」

巻末史料 5-53

アダムズからジョン・ジェイ John Jay に宛てた手紙（1787年12月16日付）
「提案された政府案よりも人民の心を占める高邁なものはないでしょう。それは非常にすべてのアメリカを愛着と利益の点で1つの偉大な国に固めるように思えます。調整と妥協の結果は、あらゆる者の完全な考えと完全に合致することはないように思います。しかし、秩序、自由、そして安全に必要な偉大な原則のすべてはそれにおいて尊重され、必要に応じて是正や修正がなされ、すべての邦が受け入れたと聞きたいと思います」

巻末史料 5-54

アダムズからベンジャミン・ラッシュ Benjamin Rush に宛てた手紙（1790年4月4日付）
「我々の革命の歴史は端から端まで絶え間のないまやかしになるでしょう。全体の核心になるところは、フランクリンの電気を帯びた杖が大地を打つとワシントン将軍が出現するところになります。フランクリンがその杖でワシントンに電撃を与え、そこから前進して両者はすべての政策、交渉、立法、そして戦争を行います。［中略］。もしこの手紙が数百年後まで保存されて読まれるようなことがあるなら、読者は『ジョン・アダムズは嫉妬により真実を考えるのに耐えられなかったのだ』と言うでしょう」

巻末史料 5-55

アダムズからロジャー・シャーマン Roger Sherman に宛てた手紙（1789年7月17日付）
「最初にあなたの共和制の定義は何でしょうか。私の定義は以下の通りです。1人以上の者にその主権が授けられている政府のことです。諸政府は専制、君主制、そして共和制に分けられます。専制は3つの権力の分野、立法府、行政府、そして司法府がすべて1人の人物に授けられている政府です。君主制は、立法府と行政府が1人の人物に授けられている政府ですが、司法府は別の人物に授けられています。すべての政府では主権は立法権を持つ人物

の集団、もしくは人物に授けられています。専制と君主制ではそれゆえ、立法府の権威は1人の人物にあり、主権も1人の人物にあります。共和制では主権、つまり立法権は、常に1人以上の者、あなたが思うがままの多数の者に授けられます。合衆国で主権は2人の人物、もしくは300万人の人々、または中間の数の人々に授けられます。そして、あらゆる考えられる事例で政府は共和制です。こうした考えに位置して共和制は、君主的、貴族的、そして民主的の3つの種類に分けられます。イギリスは共和制で君主的共和制です。なぜなら主権、すなわち立法権が1人以上の者に授けられているからです」

巻末史料5-56

アダムズからロジャー・シャーマン Roger Sheman に宛てた手紙（1789年7月18日付）
「大統領の任期は永続的なものでも生涯にわたるものでもありません。わずかに4年のみです。しかし4年の間彼の権力は、アヴォイエ、コンスル、ポデスタ、ドージェ、スタットホルダー、ポーランド王のみならずスパルタ王よりもずっと強大です。イギリスとヌシャテルを除いて大統領に匹敵するような憲法上の尊厳、権威、そして権能を持つ行政首長を持つ共和制政府はないでしょう。大使を接受する権力、陸海軍を徴募し指揮する権力、すべての役人を指名し任命する権力、国庫を管理する権力、国内外の国事を管理する権力のみならずすべての行政権とともに立法権が授けられ、法律が忠実に執行されるように配慮する権利と義務を持っています。このような権利と義務、このような特権と尊厳はとても超越的なので、それらは必然的に国内で警戒、嫉妬、恐れ、不安、そして反対を巻き起こします。これらの権限は必要であると私は認めます。それらなしでは法律は執行されませんし、生命、自由、財産、市民の地位もそれらの庇護なしでは守られないことは明らかです。さらに私が思うに、それらがずっと大きいか、さもなければずっと小さいということも同じく確かなことです。戦時、条約、そして官職の任命、さらに大統領の独立に立法府の一分野として制限を加えることはもし改善されなければ無政府状態を招きます」

巻末史料5-57

『ダヴィラ論』（1791年）
「最も貧しい職工だけではなく、お恵みで生きている者、それどころか路上の乞食でさえも、そして、すべての罪なき者だけではなく、海賊、追いはぎ、泥棒のような不品行に身をやつした者さえも、一群の崇拝者をはべらし、自らの優越性を誇示し、その鑑識眼が他者よりも優れていると示したがる。［中略］。神は自然を創造するにあたって、すべての者が模倣と同時に競い合う性質を持つように定め、その結果、区別を求める情熱がある。すべての者はそれを満たすための機会や手段に平等に恵まれているわけではない」

巻末史料6-1

アダムズからアビゲイルに宛てた手紙（1797年3月5日付）
「昨日以上に疲れる日は決してありませんでした。全くもって厳粛な式で、晴れた日のように静穏で曇りのない表情のワシントン将軍の存在が私を感動させました。私には彼が私に対して勝ち誇っているように見えました。『やれやれ、私はすっかり［大統領の責務から］出て行くが、あなたはすっかり入ることになる。我々のどちらが幸福そうに見えるだろうか』と彼が言うのを聞いたような気がします。式典が終わった時、彼は私のもとへ来て、私

を祝福し、私の統治が幸福で成功し、そして名誉あるものとなるように祈りました」

巻末史料 6⁻²

アダムズからアビゲイルに宛てた手紙（1797年3月17日付）
「私がかつて関わった中で最も感動的で圧倒的な光景であった就任式に家族の何人かが出席できたことを大変嬉しく思います。私はとても不安で前夜はあまりよく眠れず、全世界の面前で倒れるかと思いました。宣誓に加えて何かを言えるかどうかあやしいほどでした。そして、今、世界は墓場のように静かです。すべての連邦派はワシントン以外を［大統領として］認めることを恐れているように見えます」

巻末史料 7⁻¹

アダムズからアビゲイルに宛てた手紙（1797年3月17日付）
「すべての連邦派はワシントン以外の人物を［大統領として］受け入れるのを恐れているようです。ジャコバン派の新聞はやる気のない褒め言葉を並べ、ごまかしと入れ知恵で批判しています。もし連邦派が悪ふざけをしようとするのであれば、私は職を辞して、もしジェファソンが望めば彼らを導いて平和、富、そして権力を得られるようにするでしょう。私が今、置かれている状況からすれば、私が以前、疑い、思い描いていた以上の野心、そしてわが政府を混乱させるような争いがあるようです。警戒心と競い合いは私の主題であり、抑制と均衡が解毒剤となります［中略］。事態がどのように進展するか私は見ています。次の選挙では、イギリスがジェイかハミルトンを擁立し、フランスはジェファソンを擁立するでしょう。もしアメリカの精神が『ジョン・ブル［イギリス］もルイ・バブーン［フランス］も必要ない』と言って奮起させられなければ、ポーランドのような腐敗が導入されるでしょう」

巻末史料 7⁻²

特別教書（1797年5月16日）
「合衆国とフランスとの外交的関係は現在差し止められています。政府はその国からいかなる公的な情報を得ることができません。それにもかかわらず、フランス総裁政府は3月2日に、1778年の通商友好条約に反し、我々の合法的な通商を損ない、わが国の市民の生命を危険にさらすような法令を通過させたと信じるに足る根拠があります。この法令の写しはあなた方の前に提出されるでしょう。友好的な交渉によって我々がフランス共和国との相違を調整しようと試みる一方で、ヨーロッパでの戦争の進展、我々の通商への破壊行為、わが国の市民に加えられる危害は、そして事態の一般的な様相は、効果的な防衛策の推奨にあなた方の注意を向けることを要します」

巻末史料 7⁻³

アダムズからジェームズ・ロイド James Lloyd に宛てた手紙（1815年3月31日付）
「私はフリゲート艦を建造し、海軍に人員を配備し、我々の通商を完全に守ってくれ、フランスに対して初勝利をあげ、後に地中海で栄冠を得て、考えるだに震えるような海軍の栄光を祖国にもたらして彼ら自身を輝かせるような士官を慎重に選びました。イギリスの海軍が人類の悩みの種であったようにアメリカの海軍力がそうなるとはとんでもないことです」

巻末史料 7⁻⁴

チェロキー族の親愛なる族長、戦士、そして子ども達への大統領談話（1798 年 8 月 27 日）
「あなた方のフロンティアでいかに真摯に私が平和を確保したいと望んでいるか、そして、[土地投機家の] ザカリヤ・コックス Zachariah Cox やその他の者があなた方の領域を占領するために軍隊を侵入させないようにするために要する多大な努力や倦むことのない私の試みをあなた方は無視できないでしょう。[中略]。あなた方の領域を侵略から守るために工夫を凝らし、あなた方をより幸せな人々にするためにこれまでなされたことについて私はあなた方が公正な価値を認めることを望みます。したがって、あなた方は合衆国がチェロキー族に対して真摯な友情を持っていることを納得するでしょう。[中略]。あなた方の利益に配慮することを私は義務の一部と見なしていますが、また合衆国市民である私の白人の子ども達の苦難をできる限り軽減し、不満を聞くことも私の最大の義務であると述べることは今、適切だと思われます」

巻末史料 7⁻⁵

アダムズからジェームズ・ロイド James Lloyd に宛てた手紙（1815 年 3 月 31 日付）
「私は最も率直で念入りで私が持たなければならない高い努力で以ってインディアンとの平和を保ち、私の政権全期間を通じて彼らに農業と文明を準備しました。私は表現できないほど完全な成功に満足しています。私の時代に斧は振り上げられることはなく、ティペカヌーの戦い 1 回でそれ以降、合衆国が負担することになった 100 分の 1 の費用で全体的で恒久的な平和を維持しました」

巻末史料 7⁻⁶

アダムズからジェームズ・ロイド James Lloyd に宛てた手紙（1815 年 3 月 31 日付）
「3 つか 4 つの州から民兵を召集することもなく、数百万を犠牲にせず誇らしく壮観で戦争状態で進軍することもなく静かに騒音を立てずわずかな費用で私はペンシルヴェニアでの反乱を鎮圧し、反乱者達を効果的に大人しくさせ処罰しました」

巻末史料 7⁻⁷

アダムズからティモシー・ピカリング Timothy Pickering に宛てた手紙（1799 年 8 月 6 日付）
「しかしながら、この手紙が今までのところ受け取っていなかったアメリカの提携の成功を示す最も確かな情報と考えられると私はあなたに言うでしょう。その意図が油断のならないものであり敵対的なものであるとは言わないでおきましょう。時間が真実を教えてくれるでしょうが、さしあたっては、私は彼らの外交術をもはや恐ろしいとは思いません。この 21 年間、その被害者であり、それを感じ、それを見てきました。しかし、呪文は解けました。彼らの魔法はアメリカで終わったのです。すなわち、彼らは私が職にある限り、我々が率直で高潔であり、信用と安全がある限り、平和的で友好的な意向があると分かるでしょう。もし復讐を遂行する精神が起これば、私ではなく彼らによって呼び覚まされるのです。こうした精神で私は交渉を追求し、各省の長官の協調を期待します」

巻末史料 7⁻8

第2次一般教書（1798年12月8日）
「議会が休会中に私が知るところとなった合衆国とフランスの関係における交渉の成り行きは、将来のやり取りの題材となるでしょう。そうしたやり取りは、フランスとの紛争を友好的に調整するために合衆国政府がとった方策の最終的な失敗を裏付けるものになるでしょう。同時に議会は、フランス政府がわが国との国交断絶を避けようとする見方を印象付けようと望んでいるようであり、同様に、誤解を解くために合衆国からの公使を喜んで受け入れることを明言していると感じているかもしれません。合衆国の公使が持って然るべき資格を規定するという受け入れがたい権利の主張を容認するという条件が表明されている点、そして、フランス側が真摯に起こった紛争を調停する意向を持っていると断言している一方で、合衆国側が同様の意向において真剣であるのか、多くの証がありますが、疑念があるという点がこうした明言において残念な点なのです。フランスの船舶による我々の商船に対する略奪行為の差し止めを提示するフランス総督政府の布告は、何の救済にもならないことも考慮に値することです。総督政府は、フランスの船舶に、航行や拿捕に関連したすべての法を遵守することを命じています。その一方で、そうした法自体が、我々が長い間、正当にも、そして実りもなく不満を述べてきた略奪行為の源になっているのです。中立国の船とその貨物を拿捕し、たとえ全部の財が中立国に属するものであっても、少しでもイギリスの製品や商品があれば没収することを目的とした今年1月に制定されたフランスの法は、その撤廃を求める提案が失敗したことにより、最近、確認がとれました。諸国の通商に対する明確な戦争行為である法の執行が続く間で、そうした諸国は、本質的権利を持つのにもかかわらず、フランス政府を彼らの独立と主権を認めてくれる唯一の国と見なしていますが、もし彼らが何らかの手段を持っているとすれば、強固な抵抗の他、利益や名誉では和解することはできないでしょう。したがって、これまでのフランスの行動の中に、我々の防衛手段を変更させたり緩めさせたりするようなことは見いだせず、逆に我々の真の政策を展開して鼓舞することが見いだされました。こうした方策をこれまで採用して追求してきたことを残念に思うことはまったくありませんし、それに比して、我々はヨーロッパの重大で計り知れない情勢に対する視野を我々が広げれば、我々の努力と手腕を最大限に活かせるような新しく説得力のある動機が見つかるでしょう。我々の権利と名誉を守るために必要であれば戦争を恐れないという我々の姿勢を示しても、我々は望ましい平和を捨てると暗示する余地を残さずにすむでしょう。戦争に十分に備えておくことは、平和を確保することなのです。我々が一致して絶えず育んできたのは平和です。我々とフランスとの調和は、フランスの選択次第で回復されるかもしれません。しかし、公使が接受されるというより決定的な保障なしで公使を派遣することは、合衆国が屈するべきではない屈辱行為となるでしょう。それゆえ、（もしフランスが本当に和解を望んでいるのであれば）フランスには取るべき必要となる手段が残されています。合衆国は、堅実に自らを制御してきた原理を遵守するでしょう。彼らは外交上の神聖な権利を尊重するでしょう。そして、フランス側は真摯な意向で以って敵対行為を止め、これまで我々の商船に課されてきた損害を補償し、将来は正当な取り扱いをするでしょう。友好を回復させる障害は何もありません。この声明を議会に伝えるにおいて、私はフランスと世界に向けて、わが国の行政府は依然として、政府の他の部門と合衆国人民の希望にあわせて人道的で平和的な政策の進行を変わることなく管理し、そうした政策に忠実であると誓いたいと思います」

巻末史料 7⁻⁹

アダムズから上院への教書（1799 年 2 月 18 日）
「静謐を回復し保持する見込みがあらゆる相応しい状況に認められるので私は、駐蘭公使ウィリアム・ヴァンズ・マレーをフランス共和国への合衆国全権公使に指名します。もし上院が彼の指名に助言と同意を与えるのであれば、フランス政府から揺るぎのない直接的な保障なしでフランスに赴かないという彼への訓令に十分な注意が払われるでしょう。すなわち、外交関係における公使に相応しいように接受され、国際法によって与えられる特権を受け、新しい条約によって 2 つの共和国の間のすべての交渉をまとめるために同等の位階、称号、権限を与えるつもりです」

巻末史料 7⁻¹⁰

アダムズから議会への教書（1801 年 3 月 2 日）
「無条件にその手段に同意することに私自身の判断と意向にそれはずっとよく適合していますが、この点において上院という立憲的な高い権威から意見を違えるという不運にみまわれましたが、私はまったくもって示された条件の下でそれを批准することが合衆国の栄誉であり利益により一致すると判断しました」

巻末史料 7⁻¹¹

第 3 次一般教書（1799 年 12 月 3 日）
「合衆国政府の首都に関する議会の法律は、来年 12 月 1 日月曜日にフィラデルフィアから恒久的な首都として定められた地域に移転することを求め、議会と大統領、そして行政官を収容するのに適切な建物を提供し、ワシントンの中でその目的にあった建物の状態を報告する委員を任命することが適切だと伝えます。その報告からその地域への首都移転がその時に実行可能で満足がいくように調整されるように求められます」

巻末史料 7⁻¹²

アダムズからエルブリッジ・ゲリー Elbridge Gerry に宛てた手紙（1800 年 12 月 30 日付）
「この時までに選挙の問題に関するあなたの不安は和らぐでしょう。党派の精神がいかに強いことか。それはいかに決定的で一致団結していることか。ジェファソン氏に 73 票、バー氏に 73 票。この結果により国家の平安と福祉が促進されんことを。しかし、私にはまだ先行きが見えません。ジェファソン氏が当選した場合は不思議ではありませんが、バー氏が当選する場合はすべての普通の規則を超える幸運とボナパルトのような幸運が必要になるでしょう。可燃性の気体で満たされた気球が頭上で膨らむようにこの狡猾な紳士がのし上がるのを見れば年老いた愛国者は屈辱に思うでしょう。そしてこれは最悪なことではありません。すべての高潔な努力が挫かれ、党派の陰謀と腐敗が促進されることになるでしょう。我々が進むべき方向はどこで、我々が向かうべき港はどこなのでしょうか」

巻末史料 7⁻¹³

第 4 次一般教書（1800 年 11 月 22 日）
「合衆国の司法制度について真剣に考えるようにあなた方に推奨する機会をこれ以上無駄

にはできません。公共の幸福に関してこれにまさる関心がある問題はありませんし、そうした改善が経験によって有用に適用されるような関心がある問題はありません」

巻末史料9⁻¹

アダムズからスケルトン・ジョーンズ Skelton Jones に宛てた手紙（1809年3月11日付）
「1801年3月4日です。私が引退した理由は、フレノー Freneau、マコー Markoe、ネッド・チャーチ Ned Church、アンドリュー・ブラウン Andrew Brown、ペイン Paine、カレンダー Callender、ハミルトン Hamilton、コベット Cobbett、そして、ジョン・ウォード・フェノ John Ward Fenno やその他の著作、特に南部から中部の議員達の間の回状です。これらの名誉棄損のすべてを集めることなしに最近20年の誠実な歴史を書くことはできないし、私の公的生活からの引退の理由を適切に説明することはできないでしょう」

巻末史料9⁻²

アダムズからジョン・テイラー John Taylor に宛てた手紙（1814年1月15日付）
「最初の部分の最初の言葉であなたは『アダムズ氏の政治制度は自然的な運命に由来する政府であり、合衆国の政策は道義的な自由に由来する』と言っています。このような部分は私が認識する限り理解を超えるものです。運命が何を意味するのか私は分かりませんし、自然的と人為的、もしくは不自然な運命の間に思い描かれる違いが何かも分かりません。『道義的な自由』が何を意味するのかも私はよく分かりません。運命と機会という言葉について私はよく読みましたが、私の熟慮を要約するために目を閉じたとしても、私はどちらの考えもよく分かりません。原因もなく動きや出来事が起これば、それは偶然に起きたと言えるでしょう。これは機会には原因がないというのとまったく同じです。それはまったく無意味です。運命も原因も作用も力もありません。意思も影響も自由も選択も理解できません。それは実在のものではありません。想像の作り事ですらありません。それは単なる意味のない言葉の創出です。それには実体がありません。それは無意味です。アダムズ氏は自然的であれ人為的であれ、不自然であれ、機会もしくは運命からどのような制度も生まれないと明らかにします。［中略］。『アダムズ氏の制度』と『合衆国の政策』は同じ源から引かれていて、同じ枠内で働く同じ原理に由来しています。実際、それらは同じで決して分別されることはないのです。ましてお互いに反目し合うことはありません。こうした手掛かりから我々はどのようにして専門用語を定義する様子を明らかに見ることができるでしょうか。第1に専制は主権が無制限につまり、最高法、すべての権能が1人にあることです。これは珍しく存在するにしても理論上のものです。第2に君主制は主権が1人に与えられていますがさまざまに制限されています。第3に貴族制は主権が少数の者に与えられています。第4に民主制は主権が多数、つまり、国民全体、総体、集会、集合、もしくはあなたが監督派であれば、あなたが言う全人の教会に与えられています。この主権はすべての事例において、集った人民全体によって行使されます。このような形式の政府はめったになく、理論上でしか存在しません。少なくとも1人の個人の無制限な専制と同じくらいめったにありません。第5は無限の種類の混合政体で、すべてその繋がり、修正、そして第2、第3、そして第4の区分の混合で異なっています」

巻末史料9⁻³

アダムズからヘンリー・チャニング Henry Channing に宛てた手紙（1820年11月3日付）
「憲法修正会議の一員として、私は人の陰にいるに過ぎません。高齢と心身が弱いているという状況での選出は、私の人生の純粋な誇りとして見なせますし、私の力が及ぶ限り私は努力するでしょう。非行なき間、我々が知事、上院、もしくは判事を持つかどうかは40年前のように今は問題にならないと私は思います。どのような問題が動くか私は言うことはできません。40年間の使用で何度も倍の弾薬で試されてきた古き良き42ポンド砲に本質的な欠陥がなければよいと願います」

巻末史料9⁻⁴

アダムズからベンジャミン・ラッシュ Benjamin Rush に宛てた手紙（1811年12月25日付）
「共和主義において、あなたと私、もしくはジェファソンと私の間で私が知る限りのすべての違いを挙げます。第1に、演説と教書の間の違いです。私は君主制主義者です。なぜなら演説のほうが雄々しくより議会と国民を尊重していると考えるからです。ジェファソンとラッシュは教書を好みます。第2に、私は接見会を1週間に1度開くだけで無駄な訪問で私の時間を無駄にしませんでした。ジェファソンの8年間はずっと接見会でした。第3に、私は多くの人々と週に1度か2度、晩餐会をしました。ジェファソンは毎日、1ダースの人々と夕食をともにしました。第4に、ジェファソンとラッシュは自由と率直さを支持しています。私は民主共和党が率直なのと同じくらい湾曲しています。これらは同じように重要なその他の点もあわせてすべてつまらないことなので、私が意見を異にしてもジェファソンとラッシュは緊張を解くことができます。しかし、私は我々の間のどのような違いがどのような結果をもたらすかは分かりません」

巻末史料9⁻⁵

アダムズからジェファソンに宛てた手紙（1812年2月3日付）
「あなたが文明化した生活よりも未開の生活を好むということに対して意見を言うのを忘れていました。この問題に対して私は言うことがあります。もし私が間違っても、あなたが私を正せるわけですが、いずれにしろ、私はどちらか一方は知っているわけです。フランスやイギリスにいた時に私は、心身ともに健康でしたが、アメリカの未開の部族の誇り高い族長や首長、もしくは戦士よりもむしろ不幸だったでしょう」

巻末史料9⁻⁶

アダムズからジェファソンに宛てた手紙（1813年7月9日付）
「『今、合衆国をかき回している同じ政党がずっと存在してきた』。確かにそうです。正しくは、これは私の『擁護論』の第1巻の前文で述べたことです。他の科学が進歩する一方で、政治科学は行き詰まっています。あまりよく理解されていません。3、4,000年前よりも今においてよりよく実践されているわけでもありません。その理由は何でしょうか。党派や派閥がなされるべき改善を認めないのだと私は言います。ある者が改善の手掛かりを得て

も、彼の競合者がそれに反対します。人類の状態や社会秩序を改善する方法をある党が発見するや否や、反対する党が、それを正しく伝えず、誤って解釈し、曲解し、侮辱し、そして迫害します」

巻末史料 9⁻⁷

アダムズからジェファソンに宛てた手紙（1813 年 9 月 14 日付）
「神は無限の英知と善良さと力を持っています。彼は宇宙を作りました。彼の存在は永遠です。［中略］。彼の存在は宇宙にあまねく広がっています。宇宙とは何でしょうか。無限の球状の真空です。彼はこの汚れのしみと彼の栄光のために人類を造りました。そして、彼の栄光のために我々の種の 10 分の 9 を永遠に惨めに慎重な計画で造りました。これは十から一までキリスト教の神学者の教義です」

巻末史料 9⁻⁸

アダムズからジェファソンに宛てた手紙（1813 年 11 月 15 日付）
「私はかつてあなたに銀行を設立する権限を各州に分与することを禁じ、連邦議会に各州の支店とともに、全部で 1,000 万ドルに制限して銀行を設立する権限を与える修正を憲法に加えるために一致して努力しようと申し出たことがありました。この計画が賢明だったか否かは私には分かりません。というのは、私はそれについてほとんど審議することなく、それ以来、ほとんどそれが考察する価値があるとは思えなかったのです。しかし、あなたは軽蔑を以ってそうした提案を拒みました。この銀行制度が生じ、孵化し、デュア、ロバート、そしてグヴァヌア・モリス、ハミルトン、ワシントンによって拡大されました。私はその制度が国家的な不公正な制度だと常に思っていました。公的、もしくは民間の利益を、少数の貴族的な友人と縁故者のために犠牲にしていたのです。私の計画はそのような効果をもたらさなかったでしょう。［古代ローマのガイウス・］ヴェレスは、神殿を略奪し、少数の富裕者から強奪しましたが、一般個人の財産にそうした惨害はもたらしませんでしたし、こうした銀行のように、貧しい階層と中流階層の人々のポケットから騙し取ったりはしませんでした」

巻末史料 9⁻⁹

アダムズからジェファソンに宛てた手紙（1815 年 11 月 13 日付）
「私の政治信条の根本的な論点は、専制政治や無制限の主権、もしくは絶対的な権力が、人民の議会にあっても、貴族的な議院にあっても、寡頭秘密政治にあっても、または 1 人の皇帝にあっても同じなのです。同じく恣意的、かつ残虐で流血に満ちたあらゆる点で極悪非道なものとなるでしょう。したがって、恣意的な権力は、どこにそれがあろうとも、好ましくない前時代のすべての記録、記憶、そして歴史を必ず破壊し、狡猾にも保存や存続に適するように歪めたり改竄したりします」

巻末史料 9⁻¹⁰

アダムズからジェファソンに宛てた手紙（1816 年 12 月 12 日付）
「私はこれまでの人生で、ドン・キホーテ、ジル・ブラス物語、スコットランドの族長などその他のロマンスの読者でもありませんし、愛好者でもありませんでした。昨年と一昨

年、私はこの種の読み物の研究をしてきました。15巻のグリム、7巻のタッカーのネッディーの探索、12巻のデュピュイ、トレイシーの分析、そして、4巻のジュズイット派の歴史も読みました。全部、ロマンスです。私にとって重要なことは何も学べませんでした。というのはロマンスは、私の道徳、もしくは宗教的信条に何も変化をもたらさなかったからです。50年、もしくは60年間続いてきた信条は、4つの短い言葉を含みます。すなわち『公正で善良であれ Be just and good』です」

巻末史料 9⁻¹¹

アダムズからジェファソンに宛てた手紙（1822年6月1日付）
「死は悪ではありません。個人と世界にとってそれは喜ぶべきことであります。しかし我々はもはやそれを維持することができなくなるまで、生が続くことを願うべきです。我々は偉大な教師［神、創造主］の予定していることを待つべきなのです」（明石紀雄訳）

巻末史料 9⁻¹²

マディソンによるアダムズ評（1831年4月—ジェームズ・ポールディング James K. Paulding に宛てた手紙）
「ジョン・アダムズ氏との関係について、私は彼について彼が合衆国副大統領になるまで個人的な知識を持っていませんし、すべての人に見せないような個人的な性質の一面を見たことはありません。彼の公的性質や職歴に関する主な知識は、今、入手できる方法によって得たものか、すべての人にとって同じものです。彼の個人的な文書は非常に膨大だと言われています。それが公開されれば伝記作家はその多くをきっと利用するでしょう。彼の独立戦争時の職務上の通信がまさに公刊され、歴史的かつ伝記的な観点からも興味深いものです。彼自身の着想を心の中に豊かに持ち、同時に教養を蓄えていたこと、そして祖国への熱烈な愛とともに、その独立の素晴らしい擁護者という美点を持つことは、彼の激しい気質に由来する熱情や移り気と彼の共和主義に入っている混ぜ物を最も激しく攻撃する者によっても認められるでしょう」

巻末史料 9⁻¹³

アダムズからベンジャミン・ラッシュ Benjamin Rush に宛てた手紙（1807年5月1日付）
「義務感から良心的にかつて行ったことについて私は何も悔悟することはありません。私の公的生活のあらゆる重要な活動において、公共の善のために私の最善の判断で以って公平に行動しました。私の意図が真摯であることについては神のみぞ知ることです」

巻末史料 10⁻¹

アダムズからアビゲイルに宛てた手紙（1763年8月）
「私はウェイマスあたりの丘を越えて旅して行く1人の女性を見ました。その女性は眩いばかりの美と栄光に包まれていました。最初、それは、明るい顔に赤い頬、たくさんの魅力と優雅さを持つオーロラ［ローマ神話に登場する曙の女神］に違いないと私は思いました。しかし、それはディアナ［アビゲイルの筆名］だとすぐに分かりました。私にとって限りなく愛しく魅力的な女性」

巻末史料 10⁻²

アダムズからアビゲイルに宛てた手紙（1764年4月16日）
「私は毎日あなたに手紙を書こうと思います。私は自分の手紙を非常に軽いものにしているでしょうか。あなたは私の手紙でパイプに火をつけたりしていないでしょうか。もしあなたがそうしていても私は気にしません。書くことが私の楽しみなのです。しかし、私はほとんど抑えることもなくあなたに書いていることを不思議に思います。というのは、地球上で他の誰よりも私はあなたの批判を恐れ、それこそ私がこれまで恐れ、いつもあなたを恐れるだろう唯一の特徴なのです。あなたに何を言うべきでしょうか。こうした言い分を認めてくれるでしょうか。あなたは私を勇気ある人間だと思いますか。勇気は称賛に値するもので、女性においては栄えある美徳です。どうして男性においてはそうではないと言えるでしょうか。私としては、あなたに私を称賛して欲しいのです」

巻末史料 10⁻³

アダムズからアビゲイルに宛てた手紙（1779年2月13日付）
「君はこう言うでしょう。［君が］女性だから、私は［君に］政治に関する事柄を書いてはなりません。私は何を侮辱したのでしょうか。女性です。私はすぐに埋め合わせをするべきでしょう。男性一般よりも女性は優れていると私は思っていますし、どんな男性よりも君がよく秘密を守ることは分かっています。しかし、世間はそれを知らないのです。それゆえ、もし私が君に何か秘密を書き送って、手紙が奪われて新聞に公開された場合、世間は、私が秘密を託すべきではなかったと言うでしょう」

巻末史料 10⁻⁴

アビゲイルからアダムズに宛てた手紙（1784年2月11日付）
「私の親愛なる友［アダムズ］が大西洋を渡ってからあと2日で丸6年になります。しかし、6年間の中で3ヶ月はアメリカで過ごしました。人を惑わせる空気のようなはかない希望、それはいかに私の見込みから逃れてきたでしょうか。そして、あなたが帰ってくるという期待は月日が経つにつれて礎のない蜃気楼のように消えてしまいました。あなたは私を呼び、あなたに従うように求めました。私の心からの最も正直な願いはあなたといることです。しかし、私の心の中に葛藤があるとはあなたにはほとんど思いもよらないようです。海を渡ることは大変なことだと思えますし、住居や祖国に別れを告げ、再び会えないかもしれないと思いながら子ども達や友達を残していくこと、そしてこうした不安を夫の慰めと元気付けなしでやり過ごすことは、本当に、私の親愛なる友［アダムズ］よ、他に匹敵するものがないと感じるくらいの試練の時なのです。しかし、一方で、夫と友達に温かく愉快に迎えられ、長い間会えなかった愛息子と会うことを考えると慰められます。しかし、私の恐れと不安が今、ここにあり、私の希望や期待ははるか彼方にあるという違いがあります」

巻末史料 10⁻⁵

アビゲイルからメアリ・クランチ Mary Cranch に宛てた手紙（1790年1月5日付）
「その晩、私はワシントン夫人の公的な日である招待会 drawing room に出席しました。列席者の装い、ダイヤモンド、そしてスカートの張り骨を除いては、招待会は［イギリス

の] セント・ジェームズ宮殿のバース騎士のように非常に混み合いました。私の位置は常にワシントン夫人の右手でした。何が正しいか知ることができないので、私はその位置が時々占められていることに気が付きましたが、そういう場合、大統領は私のためにその場所が空けられるようにし、数回、淑女達を移動させることもありました。彼女達は今や席を立って私に譲ることを学びましたが、こうしたすべての区別は私達自身の間ではご存知の通り不評です。けれども同大統領は幸いにもうまく順応できる能力を持っていますが、自分の思うところを通すので、もし本当に彼が世界で最善の誠意を持つ人物でなければ、彼は非常に危険な人物でしょう。彼は威厳を持ちながらも礼儀正しく、馴れ馴れしくはありませんが親しみやすく、傲慢ではありませんが迂遠であり、謹厳ではありませんが厳粛で、穏健かつ賢明で善良です。これらが彼の性格であり、彼が就いている高貴な地位に特に合っていて、神は、彼がその地位を同じ称賛と全面的な満足で長い年月にわたって保てるように祝福を与えているようです。わが国の多くの人民を支配して、人民を1つの帝国に統合するだけではなく監督する者は [ワシントンの] 他にいないというのが私の確かな意見です」

巻末史料 10-6

アダムズからジェファソンに宛てた手紙（1813年8月16日付）
「わが友よ、私の1人娘が、昨日の朝、彼女の夫、息子、娘、父母、夫の2人の姉妹、そして彼女の2人の姪の腕に抱かれながら49歳で身罷った。彼女が生きた年月のうち、46年間は我々の中で誰よりも健康で頑丈だったのに。[病気に罹って] それ以来、彼女は苦痛と忍耐において模範的に振舞っていました」

巻末史料 10-7

アダムズからジョン・クインジー・アダムズに宛てた手紙（1777年8月11日付）
「親愛なる息子へ。祖国が戦っている戦争はおそらく将来、今よりもおまえの関心を引くことになるだろう。そして、祖国の未来の情勢によっては、今、動乱に最中にいる人々と同じくさらなる戦争や審議、交渉が必要となるかもしれない。おまえがそうしたことを学ぶように意を向けてくれたらと思う。人生の過程においておまえに割り当てられる行いの指針と啓発をおまえに与えよう。こうした目的のためには、おそらくツキディデスの歴史以上に有用な歴史はないだろう。ツキディデスを原語で完全に習熟して欲しい。原語のギリシア語はすべての人間の言語の中で最も完全な言語だ。母語でツキディデスを完全に理解するために、得ることができる限りの助け、特にツキディデスの翻訳を利用しなさい。ホッブズの著作が父の書斎で見つかるはずだ。たくさんの有害な哲学の中から、学究的で正確なツキディデスの翻訳が見つかるはずだ。おまえの役に立つだろう。他にずっと素晴らしいツキディデスの翻訳がある。ウィリアム・スミス William Smith による『ペロポネソス戦史 The History of the Peloponnesian War』だ。もしこの手紙を取って置いて、将来、思い出したらその本を手に入れなさい。弁論者、政治家、将軍、そして歴史家や哲学者への教訓が溢れていることが分かるだろう。ペロポネソス戦争から何かを学び取って欲しい。たくさんの愛情とともに、おまえの父ジョン・アダムズ」

巻末史料 11⁻¹

アダムズからアビゲイルに宛てた手紙（1776年8月18日付）
「人が大きな人気を得ようとすれば利己的にならなければなりません。公共の善のためというふりをしながらも自分のためなのです。彼は、利益の擁護者になることで類縁や関係者、そして友人を彼自身の身を守るための密集隊形にします。そして、彼らを彼への称賛を鼓吹する者、彼の名声、財産、そして栄誉を主張する者にします」

巻末史料 11⁻²

アダムズからロバート・エヴァンズ Robert J. Evans に宛てた手紙（1819年6月8日付）
「邪悪さ、非人道性、残酷性、そして奴隷に関するアフリカ貿易の悪名は、優れた文章によって一般に強く印象付けられているので、その忌わしさを増すようなことで私が言えることはありません。合衆国から奴隷制を最終的に根絶するために分別あるあらゆる方策が考えられるべきです。[中略]。奴隷制の実践が不名誉とならず、近隣の最良の人物が奴隷制の実践とその性格が矛盾しないと見なされ、奴隷が安い時に購入すれば節約できるような自由人の生計と労働のために数千ドルを費やそうと私は生涯を通じて、奴隷制の実践を恐ろしく思っていたので決して黒人やいかなる奴隷も所有しませんでした」

巻末史料 11⁻³

アダムズの自伝（原典に日付記載なし）
「国民の道徳の基礎は、個人の家族に置かれなければなりません。もし子どもが早い段階で自堕落な考え方や放縦な習慣に影響されてしまうと、学校や学院、大学は無駄になります。母親は若者の最も初期にして最も重要な教師なのです。両親の悪徳や模範は子どもから隠せるものではありません。もし子どもが幼少期から、母親が父親に習慣的に不貞を働いているのを知れば、もしくは父親が絶えず母親に不貞を働いているのを知れば、その子どもが神聖な道徳、もしくは宗教の義務に対する何らかの感覚を抱くことはどのくらいあり得るでしょうか」

巻末史料 11⁻⁴

アダムズからベンジャミン・ラッシュ Benjamin Rush に宛てた手紙（1810年1月21日付）
「キリスト教信仰は、私が理解する限り、栄誉の光であり、永遠にして独自にして独立した慈愛溢れる、力強く情け深い創造主、宇宙の父にして管理者、そして最も善良で完全で公平な存在の姿を示しているものなのです。世界と同じくらい長く存続するでしょう。未開人であれ文明人であれ、啓示なしで宗教を創作し発見することはできないでしょう。私がカトリックであるか、プロテスタントであるか、もしくはカルヴィン主義者であるか、アルミニウス主義者であるかを問わないで下さい。キリスト教徒である限り、私は彼らのすべてと信仰をともにする兄弟になりたいと思います」

巻末史料 11-5

アダムズの日記（1756年2月22日付）
「もしある離れたところにある国が聖書を唯一の法律書とし、すべての構成員が彼の行動をそこに示された前例によって定めるとしよう。すべての構成員は良心、節制、質素、そして勤勉に努めるようになるだろう。彼の同胞に対しては公正で親切、そして慈悲深くあるだろう。そして、全能の神に対しては信心深く愛と崇敬の念で対するだろう。こうした共和国では大食、大酒呑み、もしくは怠惰で健康を害する者はいないだろう。トランプやその他のさもしい楽しみで貴重な時間を無駄にする者もいないだろう。彼の隣人をだます者も盗む者も嘘をつく者もおらず、すべての人々と善意でもって平和に暮らすだろう。創造主に対して不敬なことを言う者はいないだろうし彼の信仰を冒涜する者もいないだろう。合理的で雄々しく真摯で揺るがない信仰と献身がすべての心を支配するだろう。何という理想郷だろう。その地域は天国になるだろう」

総合年表

年	月日	できごと
1735	10.30	J. アダムズ、マサチューセッツ植民地ブレインツリーで誕生
1736		エドワーズ、『大覚醒の始まり』を出版
1737		フランクリン、北米郵便制度の副総裁就任
1738		ルイス・モリス、初代のニュー・ジャージー植民地総督に任命される
1739	10.19	英西間でジェンキンズの耳戦争勃発、植民地も協力
1740	1	ジョージア植民地総督率いる植民地軍、スペイン領フロリダに侵攻
1741	2	ニュー・ヨークで黒人陰謀事件、多数の黒人が犠牲に
1742	7.7	ブラッディ・マーシュの戦いで植民地軍、スペイン軍に勝利
	7.14	スペイン軍退却、ジェンキンズの耳戦争、北米で終結
1743	4.12	ワシントン、父オーガスティンと死別
	4.13	ジェファソン、ヴァージニア植民地シャドウェルで誕生
		アメリカ哲学協会創立、フランクリンが初代会長に
1744	3.15	ジョージ王戦争勃発
1745	6.16	ニュー・イングランド軍、仏のルイブールを攻略
	11.29	フランス軍、ニュー・ヨーク植民地サラトガを焼き払う
1746	8	フランス軍、マサチューセッツ砦を焼き払う
	10.22	カレッジ・オヴ・ニュー・ジャージー(後のプリンストン大学)創立
1747		ニュー・ヨーク法曹協会設立
1748	3.11	ワシントン、測量団に加わる
	10.18	ジョージ王戦争終結
1749	3.16	ヴァージニアのオハイオ会社、オハイオ川上流に20万エーカーの土地を下付される
	5.5	ワシントン、測量技師の免許を得る
	7.20	ワシントン、カルペッパー郡の測量技師に任命される
	10.26	ジョージア植民地で公式に奴隷制度の導入が認可される
1750	4.12	英議会、鉄条例制定
	10.31	クリストファー・ギスト、オハイオ川流域からケンタッキー中央部を探検
1751	3.16	マディソン、ヴァージニア植民地ポート・コンウェイで誕生
	9.28	ワシントン、異母兄ローレンスに付き添ってバルバドスへ出発
	11	J. アダムズ、ハーヴァード・カレッジに入学
		フィラデルフィア・アカデミー(後のペンシルヴェニア大学)創立
		英議会、通貨法を制定、植民地の紙幣発行禁止
1752	6	フランクリン、雷を電気と確認
	7.4	ジョージア、王領となる
	7.26	ワシントン、異母兄ローレンスと死別

年	月日	できごと
	11. 4	ワシントン、フリーメイスンリーに加入
	11. 6	ワシントン、ヴァージニア植民地民兵の将校に任命される
		グレゴリウス暦が導入される
1753	8. 4	ワシントン、マスター・メイスン階位に昇進
	10.31	ワシントン、フランス軍への最後通牒送達の任務に出発
1754	1.16	ワシントン、最後通牒送達の任務から帰還
	3.15	ワシントン、ヴァージニア連隊の中佐に任命される
	4. 2	ワシントン、一隊を率いてオハイオ渓谷に向けて出発
	4.17	フランス軍、オハイオ川の要衝にデュケーヌ砦建設
	5.28	ワシントン、初陣でフランス軍の小部隊を破る
	6.19	オールバニー会議開催、7植民地の代表集まる
	7.3-4	ワシントン、ネセシティ砦の戦いでフランスとインディアンの連合軍に敗退
	10.31	キングズ・カレッジ(後のコロンビア大学)創立
	11. 5	ワシントン、ヴァージニア民兵を退役
	12.17	ワシントン、義姉からマウント・ヴァーノンを賃借
1755	4.19	フレンチ・アンド・インディアン戦争勃発
	5.10	ワシントン、英軍司令官エドワード・ブラドックの副官として復職
	6.19	ニュー・イングランド民兵、ボーセジュール砦占領
	7. 9	ワシントン、モノンガヒーラの戦いに参加
	7.16	J. アダムズ、ハーヴァード・カレッジを卒業
	8.13	ワシントン、ヴァージニア連隊の司令官に任命される
	8	J. アダムズ、教師を務める
	9. 8	ジョージ湖の戦い、植民地軍、フランス軍に勝利
1756	5.17	ヨーロッパで7年戦争勃発
	8.14	オスウィーゴ砦の戦い、イギリス軍、フランス軍に敗北
	8.21	J. アダムズ、法律を学び始める
1757	8. 9	ウィリアム・ヘンリー砦の戦い、イギリス軍、フランス軍に降伏
	8.17	ジェファソン、父と死別
1758	4.28	モンロー、ヴァージニア植民地ウェストモーランド郡で誕生
	7. 8	タイコンデロガ砦の戦い、フランス軍、イギリス軍を撃退
	7.24	ワシントン、ヴァージニア植民地議会議員に選出される
	7.27	イギリス軍、ルイスバーグ要塞を奪取
	8.27	植民地軍、フロントナク砦を占領
	8	北米最初のネイティヴ・アメリカン居留地、ニュー・ジャージー植民地に設けられる
	11. 6	J. アダムズ、マサチューセッツの法曹界に入る
	11.14	ワシントン、デュケーヌ砦攻略に際し、民兵隊1個旅団を率いる
	11.25	イギリス軍、デュケーヌ砦を占領
	12. 5	ワシントン、ヴァージニア植民地民兵を退役

年	月日	できごと
1759	1. 6	ワシントン、マーサ・ダンドリッジ・カスティスと結婚
	2.22	ワシントン、ヴァージニア植民地議会議員として登院
	7.25	フランス軍、ナイアガラ砦を放棄
	7.26	フランス軍、タイコンデロガ砦を放棄
	9.18	英軍、ケベックを攻略
1760	3.25	ジェファソン、ウィリアム・アンド・メアリ大学に入学
	9. 8	カナダのモントリオール陥落、フランス軍、全カナダをイギリス軍に引き渡す
	10.25	ジョージ2世没、ジョージ3世即位
	11.29	イギリス軍、デトロイト占領
1761	2.24	ジェームズ・オーティス、イギリス憲法の下の植民地の権利を主張
	3.14	ワシントン、義姉の死去にともないマウント・ヴァーノンを相続
	5.15	J. アダムズ、父と死別
	12. 2	イギリス政府、植民地人によるネイティヴ・アメリカン領地への侵入を規制
		英軍、五大湖周辺を支配下に置く
1762	1. 2	イギリス、スペインに宣戦布告しフロリダを攻撃
	11. 3	フランス、スペインにミシシッピ以西のルイジアナ割譲を約束
1763	2.10	パリ平和条約調印でフレンチ・アンド・インディアン戦争、7年戦争終結
	5. 7	ポンティアックの反乱
	10. 7	ジョージ3世、国王宣言でアパラチア山脈以西での植民地人の土地所有を当面禁止
	12.14	パクストン・ボーイズの虐殺
1764	2.15	フランス人、セント・ルイスを建設
	4. 5	英議会、砂糖条例可決
	4.19	英議会、通貨法制定、植民地の法定紙幣発行を全面的に禁止
	5.24	ジェームズ・オーティス、代表なき課税に反対
	10.25	J. アダムズ、アビゲイル・スミスと結婚
		ロード・アイランド・カレッジ（後のブラウン大学）創立
1765	3.22	英議会、印紙条例可決
	3.24	軍隊宿営法発効
	5.29	ヴァージニア植民地議会、印紙条例反対の決議採択
	8.14	印紙条例に反対するボストン騒動始まる
	8	J. アダムズ、『教会法と封建法について』を発表
	8	植民地各地で「自由の息子達」が結成される
	9	J. アダムズ、「ブレインツリー訓令書」を執筆
	10. 7	植民地の代表者による印紙条例会議開催
	11. 1	ニュー・ヨークで印紙条例阻止の暴動始まる
	12. 9	ボストンの商人、不買協定に署名
	12	イギリス製品不買運動、全植民地に広がる

年	月日	できごと
1766	2.13	フランクリン、イギリス下院で印紙条例反対について証言
	3.18	英議会、印紙条例撤廃、宣言法制定
	8	ニュー・ヨークで軍隊宿営法をめぐって市民とイギリス兵衝突
	11.1	イギリス議会、通商法改正、アメリカ植民地が輸入するすべての糖蜜に課税
	11.10	クイーンズ・カレッジ(後のラトガース大学)創立
1767	3.15	ジャクソン、サウス・カロライナ植民地ワックスホーで誕生
	3	ジャクソンの父、ジャクソンの生前に亡くなる
	4.24	ジェファソン、ヴァージニアの法曹界に入る
	6.29	英議会、タウンゼント歳入法制定
	7.2	イギリス議会、ニュー・ヨーク植民地議会停止法制定
	7.11	J.Q.アダムズ、マサチューセッツ植民地ブレンンツリーで誕生
	10.28	ボストンのタウン・ミーティング、タウンゼント歳入法に抗議して不買運動再開
1768	2.11	マサチューセッツ植民地議会、タウンゼンド諸法反対の「回状」を各植民地議会に送達
	6.10	ボストンでリバティー号暴動発生
	8.28	ニュー・ヨークの商人、タウンゼント諸法の廃止までイギリス製品の輸入停止で合意
	10.1	イギリス軍、ボストンに上陸
	11.15	イギリス、ネイティヴ・アメリカンとフォート・スタンウィクス条約締結
1769	3.10	フィラデルフィアの商人、イギリス製品の販売禁止に合意
	5.8	ジェファソン、ヴァージニア植民地議会に初登院
	5.16	ワシントン、ヴァージニア植民地議会にタウンゼント諸法に反対する決議提出、採択される
	5.17	ヴァージニア総督、植民地議会を解散
	9	マディソン、カレッジ・オヴ・ニュー・ジャージに入学
		ジェファソン、モンティチェロの建設を開始
		ダートマス・カレッジ創立
1770	1.19	ゴールデン・ヒルの戦い、ニュー・ヨークでイギリス兵と市民衝突
	3.5	ボストン虐殺事件起こる、J.アダムズがイギリス兵の弁護を担当
	4.12	イギリス議会、茶条項を除いてタウンゼント諸法撤廃
	9.7	J.アダムズ、プレストン大尉の弁護に成功
1771	5.16	ノース・カロライナ辺境民によるレギュレーターの反乱
	6	J.アダムズ、マサチューセッツ植民地議会議員に選ばれる
	9.25	マディソン、カレッジ・オヴ・ニュー・ジャージーを卒業
1772	1.1	ジェファソン、マーサ・ウェイルズ・スケルトンと結婚
	6.5	ワシントン、渡し船の操業を始める
	6.9	税関船ガスピー号襲撃される
	6.13	マサチューセッツ植民地総督、植民地議会から俸給を受け取らないと声明

年	月日	できごと
	11. 2	ボストンのタウン・ミーティング、通信連絡委員会結成を承認
1773	2. 9	W.H. ハリソン、ヴァージニア邦チャールズ・シティ郡で誕生
	3.12	ヴァージニア議会、植民地間通信連絡委員会を組織
	5.10	イギリス議会、茶法制定
	12.16	ボストン茶会事件起きる
1774	3.31	英議会、ボストン港閉鎖法制定
	5.20	イギリス議会、マサチューセッツ統治法、裁判管理法制定
	6. 2	イギリス議会、再度、軍隊宿営法制定
	6.20	モンロー、ウィリアム・アンド・メアリ大学に入学
	6	J. アダムズ、第1回大陸会議のマサチューセッツ植民地代表に選ばれる
	7	ワシントン、フェアファックス決議を主導する
	8. 1	ワシントン、ヴァージニア革命協議会に出席
	8. 5	ワシントン、第1回大陸会議のヴァージニア植民地代表に選ばれる
	9. 5	第1回大陸会議開催
	9.17	大陸会議、マサチューセッツのサフォーク決議を承認
	10.10	ダンモア卿戦争、ヴァージニア民兵、ネイティヴ・アメリカンを征伐
	10.18	大陸連盟結成
	10.26	大陸会議、散会
	12.14	ニュー・ハンプシャー植民地のポーツマスで最初の武力衝突発生
	12.22	マディソン、オレンジ郡の治安委員に選出される
		モンロー、父と死別
1775	1	J. アダムズ、「ノヴァングラス」を発表
	2. 9	イギリス議会、マサチューセッツ植民地が反乱状態にあると宣告
	3.23	ヘンリー、ヴァージニア植民地議会で「我に自由を与えよ、然らずんば死を」と演説
	3.25	ジェファソン、第2回大陸会議のヴァージニア代表補欠に選出される
	4.19	レキシントン=コンコードの戦い、独立戦争の発端に
	5.10	愛国派民兵、タイコンデロガ砦を攻略
	5.10	第2回大陸会議開催
	5.25	イギリス軍の援軍、ボストンに到着
	6.15	ワシントン、大陸軍総司令官に指名される
	6.17	バンカー・ヒルの戦い
	6.21	ジェファソン、大陸会議のヴァージニア代表として登院
	7. 3	ワシントン、ケンブリッジに到着、アメリカ軍の指揮を開始
	7. 5	大陸会議、オリーヴの枝請願を採択
	7. 6	ジェファソンとディキンソンが起草した「武力抵抗の必要な理由の宣言」が採択される
	8.23	ジョージ3世、植民地は反乱状態にあると宣言
	8.28	フィリップ・スカイラー率いる大陸軍、カナダ遠征に出発

総合年表 143

年	月日	できごと
	9.28	モンロー、ヴァージニア第3連隊の少尉の辞令を得る
	10. 2	マディソン、オレンジ郡の民兵隊の大佐に任命される
	10.13	ワシントン、漁船の武装化を指令、アメリカ最初の海軍となる
	11	モンロー、フリーメイスンリーの階位を得る
	11.17	ヴァージニア総督のダンモア卿、奴隷解放を布告
	11.29	大陸会議、外交を担当する秘密通信委員会を設置
	12.23	ジョージ3世、アメリカ植民地の海上封鎖を宣言
	12.31	ワシントン、自由黒人の軍隊参加を認める
	12.31	リチャード・モントゴメリー率いる大陸軍のケベック攻略失敗に終わる
1776	1.10	トマス・ペイン、『コモン・センス』を出版
	1	J. アダムズ、『政府論』を発表
	2.27	ムアーズ・クリーク・ブリッジの戦い、愛国派と王党派激突
	3. 4	ワシントン、ボストン砲撃を開始
	3.17	英軍、ボストンから全面撤退
	3.25	モンロー、軍に入隊するためにウィリアム・アンド・メアリ大学を退学
	3.31	ジェファソン、母と死別
	4. 6	大陸会議、アメリカの港をイギリス以外のすべての国に解放
	5. 2	ルイ16世、アメリカへの秘密援助として100万リーヴルの支出を承認
	5. 6	マディソン、ヴァージニア革命評議会に参加
	5.10	大陸会議、各植民地にイギリスから独立した新政府樹立を正式に勧告
	5.15	ヴァージニア議会、大陸会議の代表に独立宣言を提起するように訓令
	6. 7	ヴァージニア代表のリチャード・リー、大陸会議に独立宣言の決議案を提出
	6.11	J. アダムズ、独立宣言起草委員に選ばれる
	6.11	ジェファソン、独立宣言起草委員に選ばれる
	6.12	J. アダムズ、戦争・軍需品局長に指名される
	6.21	ワシントンの暗殺計画、暴露される
	6.28	ヘンリー・クリントン率いる大陸軍、チャールストンの攻防でイギリス軍に勝利
	6.29	ヴァージニア議会、急進的な最初の成文憲法制定
	7. 4	独立宣言採択
	7. 9	ワシントン、独立宣言を軍に読み聞かせるように指令
	8. 2	独立宣言調印
	8.27	ワシントン、ロング・アイランドの戦いで敗退
	9. 2	ジェファソン、大陸会議を辞す
	9. 6	J. アダムズ、英軍ハウ提督と和平交渉を行う使者の1人に指名される
	9.11	英軍ハウ提督との和平交渉決裂
	9.12	ワシントン、ニュー・ヨークからの撤退を決定
	9.15	英軍にニューヨークを占領される
	9.15	モンロー、ニュー・ヨークでワシントンの軍に入隊

年	月日	できごと
	9.26	大陸会議、フランスとの通商・同盟条約締結交渉のための使節団派遣
	10.7	ジェファソン、ヴァージニア邦議会議員に選出される
	10.7	マディソン、ヴァージニア邦議会議員に選出される
	10.11	バルクァ島の戦いでアメリカ艦隊壊滅
	10.28	ワシントン、ホワイト・プレーンズの戦いで敗退
	11.16	ワシントン砦、陥落
	12.11	ワシントン、ペンシルヴェニアに後退
	12.25-26	ワシントン、トレントンの戦いで勝利
1777	1.3	ワシントン、プリンストンの戦いで勝利
	1.6	ワシントン、モリスタウンに冬営地を建設
	1.25	ワシントン、イギリスの支援者に対する布告を発令
	4.17	大陸会議、外務委員会を設置
	6.14	大陸会議、星条旗を制定
	7.8	ヴァーモント議会、憲法を制定
	9.11	ワシントン、ブランディワイン川の戦いで敗北
	9.20	パオリの虐殺
	9.26	英軍にフィラデルフィアを占領される
	10.4	ワシントン、ジャーマンタウンの戦いで勝利
	10.17	ホレイショ・ゲイツ率いる米軍、英軍をサラトガで破る
	11.12	マディソン、知事評議会議員に選出される。
	11.15	大陸会議、連合規約採択
	11.20	モンロー、少佐に昇進
	11	コーンウェイの陰謀、発覚
	12.17	ワシントン、ヴァリー・フォージの冬営地に入る
1778	2.6	アメリカ、フランスと通商・同盟条約締結
	2.17	J.アダムズ、フランスへ向けて出港、J.Q.アダムズ、父に同行
	4.5	アダムズ父子、フランスに到着
	4.12	イギリスのカーライル使節団、アメリカに向けて出発
	4.23	ジョン・ジョーンズ海軍大佐、イギリス本土のホワイトヘイヴンを攻撃
	5.6	ワシントン、米仏同盟締結を軍に布告
	5.8	J.アダムズ、ルイ16世に謁見
	6.28	ワシントン、モンマスでイギリス軍と交戦
	7.3	王党派、ペンシルヴェニアのワイオミング・ヴァリー襲撃
	7.4	ジョージ・クラーク、民兵を率いてカスカスキア占領
	7.10	フランス、イギリスに宣戦布告
	8.29	米仏共同によるニューポート奪回作戦失敗に終わる
	11.11	王党派、ニュー・ヨークのチェリー・ヴァリー襲撃
	11.27	カーライル使節団、平和交渉に失敗し本国に向けて出発
	12.20	モンロー、軍を退役

総合年表 145

年	月日	できごと
	12.29	英軍にジョージア邦のサヴァナを占領される
1779	1	ジェファソン、ヴァージニア邦知事に選出される
	3.3	ジョン・アシュ率いる米軍、ブライア・クリークの戦いでイギリス軍に大敗
	3.31	ワシントン、ネイティヴ・アメリカンの6部族連合への遠征を命じる
	6.1	ジェファソン、ヴァージニア邦知事就任
	6.18	アダムズ父子、アメリカへ向けて出港
	6.19	ストノフェリーの戦いで英軍、ベンジャミン・リンカン率いる米軍を撃退
	6.21	スペイン、イギリスに宣戦布告
	7.15	アンソニー・ウェイン、ストーニー・ポイントの襲撃に成功
	8.2	アダムズ父子、帰国
	8.9	J.アダムズ、マサチューセッツ邦憲法制定会議の代表に選ばれる
	9.23	ジョン・ジョーンズ率いるアメリカ艦隊、イングランド沖でイギリス艦隊に勝利
	10	J.アダムズ、マサチューセッツ邦憲法を起草
	10.9	米仏連合軍によるサヴァナ攻撃撃退される
	11.13	アダムズ父子、フランスへ向けて出港
	12.8	アダムズ父子、嵐に巻き込まれスペインに上陸
	12.14	マディソン、大陸会議のヴァージニア代表に選出される
		モンロー、ジェファソンの下で法律を学ぶ
1780	2.9	アダムズ父子、パリに到着
	3.1	ペンシルヴェニア邦、奴隷制度の廃止を最初に決定
	3.14	スペイン軍、ウェスト・フロリダのモービル占領
	5.12	南部の主要港チャールストンを英軍に攻略される
	5.25	コネティカットの2連隊、待遇改善を求めて示威活動を行う
	6.15	マサチューセッツ邦憲法批准される
	6	ジェファソン、モンローを中佐および軍監に任命
	7.11	フランス軍の増援軍、ニューポートに到着
	7.27	J.アダムズ、オランダへ向けて出発、J.Q.アダムズ、父に同行
	7	ジャクソン、騎乗伝令として独立戦争に加わる
	8.6	ジャクソン、ハンギング・ロックの戦いに参加
	8.16	南部でホレーショ・ゲイツ将軍率いる軍がキャムデンの戦いでイギリス軍に敗れる
	9.25	アーノルド将軍の反逆計画、発覚
	10.7	アメリカ軍、キングズ・マウンテンの戦いで勝利を収める
1781	1.1	ペンシルヴェニア連隊、待遇改善を求めてフィラデルフィアへ
	1.4	ジェファソン、リッチモンドに迫ったイギリス軍から逃れる
	1.17	ダニエル・モーガン率いる米軍、カウペンズの戦いで英軍を破る
	1.23	ワシントン、暴動を起こしたニュー・ジャージ連隊の鎮圧を命じる
	2.6	大陸会議、財務局設置

年	月日	できごと
	3. 1	連合規約成立
	3.15	グリーン率いる米軍、ギルフォード・コートハウスの戦いで英軍に大きな損害を与える
	4.10	ジャクソン、戦争捕虜になる
	4.25	ジャクソン、イギリス軍から釈放される
	6. 4	ジェファソン、モンティチェロから危うく逃れる
	7. 7	J.Q. アダムズ、ロシアのサンクト・ペテルブルクに向け出発
	8. 1	英将軍コーンウォリス、ヴァージニアのヨークタウン占領
	8.19	米仏連合軍、ヨークタウンを目指してニュー・ヨークを離れる
	8.29	J.Q. アダムズ、サンクト・ペテルブルクに到着
	9. 5	チェサピーク湾沖の海戦で仏艦隊、英艦隊に勝利
	9.28-29	ワシントン、ヨークタウン攻囲を開始
	10.19	ヨークタウンの戦い、英軍将軍コーンウォリス降伏
	11	ジャクソン、母と死別
	12.31	連合会議、ノース・アメリカ銀行に特許状を与える
		ジェファソン、知事への再々指名を断り、邦議会議員に選出される
1782	3. 7	グナーデンヒュッテンの虐殺
	4.12	パリで英米講和交渉開始
	5. 9	スペイン軍、ウェスト・フロリダのペンサコーラをイギリスから奪回
	6. 4	サンダスキ河岸の戦い、オハイオでのネイティヴ・アメリカとの紛争が激化
	8.19	ブルーリックスの戦い、ケンタッキーにネイティヴ・アメリカン侵入
	9.27	英米講和交渉再開
	10. 7	J. アダムズ、オランダと通商友好条約締結
	10.21	モンロー、ヴァージニア邦議会議員に選出される
	10.26	J. アダムズ、パリに到着、対英平和交渉に加わる
	10	J.Q. アダムズ、サンクト・ペテルブルクを出発
	11.30	対英平和交渉、まとまる
	12. 5	ヴァン・ビューレン、ニュー・ヨーク邦キンダーフックで誕生
	12.14	イギリス軍、チャールストンから撤退
1783	1.20	講和予備条約発効
	3.10	ニューバーグの檄文出回る
	3.15	ワシントン、ニューバーグの陰謀を阻止
	4.15	連合会議、講和予備条約批准
	4.26	多くの王党派がニュー・ヨーク港から亡命
	4	J.Q. アダムズ、オランダのハーグに到着、J. アダムズと再会
	6. 6	ジェファソン、連合会議のヴァージニア邦代表に選ばれる
	6.24	連合会議、兵士の反乱でフィラデルフィアからプリンストンに移動
	6	モンロー、連合会議のヴァージニア邦代表に選ばれる

年	月日	できごと
	7. 8	マサチューセッツ邦最高裁、奴隷制度を違憲と判断し、奴隷制度を廃止
	9. 3	パリ講和条約調印、独立戦争終結
	11.25	イギリス軍、ニュー・ヨーク市を撤退
	12.23	ワシントン、大陸軍総司令官退任
1784	3. 1	ジェファソン、連合会議に「西部領地のための政府案に関する報告」を提出
	4.23	連合会議、ジェファソンの「西部領地のための政府案に関する報告」に修正を加えて受理
	6.26	スペイン、すべての外国人に対してミシシッピ川の航行禁止
	7. 5	ジェファソン、フランスへ向けて出港
	8. 6	ジェファソン、パリに到着
	8.30	米船、広東に到着、中国との貿易開始
	10.22	フォート・スタンウィクス条約、広大なネイティヴ・アメリカン領地が連合会議に割譲される
	11.24	テイラー、ヴァージニア邦オレンジ郡で誕生
	12.23	ニュー・ヨーク、臨時首都になる
	12	ジャクソン、法律を学び始める
		マディソン、再びヴァージニア邦議会議員に選出される
1785	1.21	マッキントッシュ条約、ネイティヴ・アメリカン、オハイオを連合会議に割譲
	2.24	J. アダムズ、駐英公使に任命される
	3.10	ジェファソン、駐仏公使に任命される
	3.28	ヴァージニア邦とメリーランド邦の間でマウント・ヴァーノン会議行われる
	5.17	ジェファソン、ルイ16世に謁見
	5.20	1785年公有地条例制定
	5	J.Q. アダムズ、アメリカへ向けて出港
	6. 1	J. アダムズ、ジョージ3世に謁見
	7. 6	連合会議、新貨幣制度を採択
	11.28	ホープウェル条約締結、連合会議、ネイティヴ・アメリカンから広大な土地を獲得
	11.30	J. アダムズ、イギリス政府とパリ条約の履行について交渉を開始
1786	1.16	ヴァージニア信教自由法成立
	2.15	モンロー、エリザベス・コートライトと結婚
	3.15	J.Q. アダムズ、ハーヴァード・カレッジに入学
	8. 7	連合会議に連合規約の改革案が提出されるが採択されず
	8. 7	連合会議、連合インディアン法制定
	8	シェイズの反乱
	9.11	アナポリス会議開催される
	10	モンロー、ヴァージニアの法曹界に加入
		J. アダムズ、『擁護論』の執筆を始める

年	月日	できごと
		マディソン、再び連合会議のヴァージニア邦代表に選出される
		W.H. ハリソン、ハムデン・シドニー・カレッジに入学
1787	3. 3	ジェファソン、南仏と北伊の巡遊に出発
	5.25	フィラデルフィアで憲法制定会議開催
	5.29	憲法制定会議でヴァージニア案、提出される
	6.15	憲法制定会議でニュー・ジャージー案、提出される
	7.13	連合会議、北西部領地条例制定
	7.16	憲法制定会議でコネティカット妥協成立
	7.18	J.Q. アダムズ、ハーヴァード・カレッジを卒業
	8.22	最初の蒸気船、デラウェア川を航行
	9. 6	憲法制定会議で大統領の選出方法、選挙人方式で合意に達する
	9.17	憲法制定会議、合衆国憲法案をまとめ閉会
	9.28	連合会議、憲法案を批准を求めるために各邦に送付
	10.27	「フェデラリスト」の掲載が始まる
	11.21	ジャクソン、ノース・カロライナ邦ソールズベリーで法曹界に加入
	12. 7	デラウェア邦、合衆国憲法を最初に批准
	12.12	ペンシルヴェニア邦、合衆国憲法批准
	12.18	ニュー・ジャージー邦、合衆国憲法批准
1788	1. 2	ジョージア邦、合衆国憲法批准
	1. 9	コネティカット邦、合衆国憲法批准
	2. 6	マサチューセッツ邦、合衆国憲法批准
	3. 3	ジェファソン、フランス北東部とオランダ歴訪に出発
	3.21	ニュー・オーリンズ大火
	3.24	ロード・アイランド邦、憲法批准会議の招集拒否
	4.28	メリーランド邦、合衆国憲法批准
	4.28	J. アダムズ、アメリカへ向けて出港
	5.23	サウス・カロライナ邦、合衆国憲法批准
	6. 2	マディソン、ヴァージニア邦合衆国憲法批准会議に参加
	6. 2	モンロー、ヴァージニア邦合衆国憲法批准会議に参加
	6.21	ニュー・ハンプシャー邦の批准により合衆国憲法発効
	6.25	ヴァージニア邦、合衆国憲法批准
	6	J. アダムズ、帰国
	7.26	ニュー・ヨーク邦、合衆国憲法批准
	8	ノース・カロライナ邦、合衆国憲法批准を保留
	9.13	連合会議、新政府樹立の準備開始
	11	ジャクソン、検察官に任命される
1789	2. 2	マディソン、連邦下院議員に当選
	2. 2	モンロー、連邦下院議員に落選
	2. 4	ワシントン、選挙人投票で大統領に満票で選出される

年	月日	できごと
	2. 4	J. アダムズ、副大統領に選出される
	3. 4	ニュー・ヨークで第1回連邦議会開催
	4. 1	下院、正式に発足
	4. 6	上院、正式に発足、選挙人の票が数えられ大統領選挙の結果確定
	4.14	ワシントン、大統領当選確定の知らせを受け取る
	4.21	J. アダムズ、副大統領就任
	4.30	ワシントン、第1代大統領就任
	7. 4	連邦議会、保護関税法案を制定
	7.14	フランス革命勃発
	7.20	船舶入港トン税法成立
	7.27	国務省、外務省として発足
	8. 7	陸軍省、発足
	8.25	ワシントン、母と死別
	9. 2	財務省、発足
	9.22	郵政長官職、設置される
	9.24	1789年裁判所法成立により最高裁判事職、司法長官職、設置される
	9.25	連邦議会、権利章典をまとめる
	10. 3	ワシントン、感謝祭を指定
	10.15	ワシントン、ニュー・イングランド地方巡行に出発
	10.22	ジェファソン、アメリカへ向けて出港
	11.21	ノース・カロライナ邦、合衆国憲法批准
	11.23	ジェファソン、帰国
	12.11	ノース・カロライナ大学、最初の州立大学として創設
1790	1.14	ハミルトン財務長官、公債償還計画を議会に提出
	2. 2	最高裁、ニュー・ヨークのロイヤル・エクスチェンジ・ビルで開廷式を行う
	2.14	ジェファソン、国務長官就任を受諾
	3. 1	最初の国勢調査の実施が決定される
	3.22	ジェファソン、国務長官着任
	3.26	連邦議会、1790年帰化法案を可決
	3.29	タイラー、ヴァージニア州チャールズ・シティ郡で誕生
	4.10	特許法制定
	4.10	コロンビア号、アメリカ初の世界一周を成し遂げて帰還
	5.29	ロード・アイランド邦、合衆国憲法批准
	5.31	ワシントン、最初の著作権法に署名
	7.15	J.Q. アダムズ、マサチューセッツの法曹界に加入
	7.16	恒久的な首都がポトマック河畔に決定される
	8. 4	ワシントン、独立戦争時の各州の債務を連邦が引き受ける法案に署名
	8. 7	クリーク族のマッギリヴレイ、連邦政府とニュー・ヨーク条約調印
	10.20	ジョサイア・ハーマー率いる部隊、ネイティヴ・アメリカンに惨敗

年	月日	できごと
	11. 9	モンロー、連邦上院議員に選出される
	12. 6	ニュー・ヨークからフィラデルフィアに首都移転
	12.14	ハミルトン、合衆国銀行設立を提言、支持者達が連邦派形成
1791	1.10	ヴァーモント共和国が合衆国憲法批准
	2.25	第1合衆国銀行法成立
	3. 3	内国歳入法制定、ウィスキーを代表とする日用品に物品税課税、西部農民の不満高まる
	3. 3	コロンビア特別区設置される
	3. 4	ヴァーモント共和国が連邦加入
	3. 4	ワシントン、セント・クレアを遠征隊の長に任命
	4. 7	ワシントン、南部諸州への巡行開始
	4.23	ブキャナン、ペンシルヴェニア州コブ・ギャップで誕生
	4.24	W.H. ハリソン、父と死別
	8. 1	ジャクソン、レイチェル・ドネルソン・ロバーズと婚姻
	8. 7	ワシントン、南部諸州の巡行に出発
	8.16	W.H. ハリソン、第1歩兵連隊の旗手になる
	9. 9	コロンビア特別行政区内の名前がワシントンに決定される
	11. 4	セント・クレア将軍、ネイティヴ・アメリカンに敗北
	11.26	最初の閣議が開かれる
	12. 5	ハミルトン財務長官、「製造業に関する報告書」を議会に提出
	12.12	第1合衆国銀行、フィラデルフィアで開設
	12.15	権利章典成立
	12	連邦派に対して民主共和派が形成され、党派的対立に発展
1792	1.12	ワシントン、トマス・ピンクニーを初代駐英アメリカ公使に指名
	3. 1	1792年大統領継承法成立
	4. 2	合衆国造幣局、設立される
	4. 5	ワシントン、初めて拒否権を行使
	4.20	フランス革命戦争勃発
	5. 8	議会、民兵法案を可決
	6. 1	ケンタッキー、連邦加入
	6. 2	W.H. ハリソン、少尉に任命される
	9.27	ウォバシュ族およびイロクオイ族と平和条約を締結
	10.13	ホワイト・ハウスの礎石が置かれる
	12. 5	ワシントン、大統領再選
	12. 5	J. アダムズ、副大統領再選
		W.H. ハリソン、母と死別
1793	1.21	ルイ16世、処刑される
	2.12	議会、第1次逃亡奴隷法可決
	3. 4	ワシントン、第1代大統領・第2期

年	月日	できごと
	4. 8	駐米フランス公使ジュネ、チャールストンに上陸
	4.22	ワシントン、フランス革命戦争に関して中立を宣言
	5.18	ワシントン、駐米フランス公使ジュネを接受
	7.31	ジェファソン、辞表を提出
	7	黄熱病、フィラデルフィアで流行
	9.18	ワシントン、国会議事堂の礎石を置く
	10.28	イーライ・ホイットニー、綿繰り機の特許出願
	12.31	ジェファソンの辞職成立
		W.H. ハリソン、アンソニー・ウェイン将軍の副官になる
1794	1.17	ジャクソン、レイチェル・ドネルソン・ロバーズと正式に結婚
	3. 5	議会、憲法修正第11条可決
	3.11	議会、6隻の艦船の建造を認める
	3.26	議会、60日間の出港禁止を決定
	4.16	ワシントン、米英関係の緊張を解決するためにジョン・ジェイを特使に指名
	4.19	上院、ジェイの特使指名を承認
	5.27	ワシントン、モンローを駐仏公使に指名
	5.29	ワシントン、J.Q. アダムズを駐蘭公使に指名
	6. 5	米議会、中立法可決
	7	ウィスキー暴動勃発
	8. 2	モンロー、パリに到着
	8. 7	ワシントン、ウィスキー暴動の暴徒に解散を命令
	8.20	W.H. ハリソン、フォールン・ティンバーズの戦いに参加
	9.15	マディソン、ドロシーア・ペイン・トッドと結婚
	9.17	J.Q. アダムズ、オランダへ向けて出港
	9.24	ワシントン、ウィスキー暴動の鎮圧を宣言
	10.31	J.Q. アダムズ、オランダのハーグに到着
	11.9-13	ウィスキー暴動の暴徒を一斉検挙
	11.19	イギリスとジェイ条約締結、対英関係改善
1795	1. 7	ヤズー土地詐欺事件始まる
	1.29	議会、1795年帰化法案を可決
	1.31	ハミルトン、財務長官を辞任
	2. 7	憲法修正第11条批准
	6.24	上院、ジェイ条約批准
	8. 3	グリーンヴィル条約締結
	8.19	ランドルフ国務長官、引責辞任
	9. 5	バーバリ国家と平和友好条約締結
	10.27	スペインとピンクニー条約締結、ミシシッピ川の自由航行権獲得
	11. 2	ポーク、ノース・カロライナ州メクレンブルク郡で誕生
	11.25	W.H. ハリソン、アンナ・タットヒル・シムズと結婚

年	月日	できごと
1796	1	ジャクソン、テネシー州憲法制定会議に参加
	3. 8	最高裁、ハイルトン対合衆国事件で連邦法の乗用馬車税に合憲判決
	3.31	6部族連合との条約締結
	5.18	1796年公有地条例制定
	6. 1	テネシー、州に昇格
	7	仏政府、モンローにジェイ条約が米仏友好通商条約に違反しているとし差し止めを通告
	8.22	モンロー、駐仏公使を罷免される
	9.17	ワシントン、告別の辞
	11. 4	トリポリと平和友好航海条約締結
	12. 5	ジャクソン、連邦下院議員として登院
	12. 7	大統領選挙、J.アダムズ当選
	12. 7	ジェファソン、副大統領に選出される
		ワシントン、J.Q.アダムズを駐ポルトガル公使に指名
		ヴァン・ビューレン、法律を学び始める
1797	1	仏政府、モンローに代わるチャールズ・コッツワース・ピンクニーの受け入れを拒否
	3. 4	J.アダムズ、第2代大統領就任
	3. 4	ジェファソン、副大統領就任
	4. 5	タイラー、母と死別
	4.17	J.アダムズ、母と死別
	5.10	ユナイテッド・ステイツ号進水
	5.15	J.アダムズ、米仏関係の悪化を議論するために特別会期を招集
	5.15	W.H.ハリソン、大佐に昇進
	5.16	J.アダムズ、強くフランスを非難し、海軍の増強を求める教書を議会に送付
	5.19	J.アダムズ、ピンクニー、ゲリー、マーシャルを仏との交渉役に指名
	6. 1	J.アダムズ、J.Q.アダムズを駐普アメリカ公使に指名
	6.14	武器輸出が禁止される
	6.24	議会、仏との戦争の場合に8万人の民兵を召集する権限を大統領に認める
	7.26	J.Q.アダムズ、ルイザ・キャサリン・ジョンソンと結婚
	9.20	コンスティテューション号進水
	10.18	WXYZ事件で対仏関係悪化
	11.20	ジャクソン、連邦上院議員として登院
	12	モンロー、『合衆国外交における大統領の指導に関する考察』を執筆
		J.Q.アダムズ、駐普アメリカ公使としてベルリンに着任
1798	1. 8	憲法修正第11条の発効が宣言される
	4. 3	J.アダムズ、WXYZ書簡を議会に提示
	4. 7	ミシシッピ準州、設置される
	4.30	海軍省、設立される

年	月日	できごと
	4	ジャクソン、連邦上院議員を退任
	5. 3	J. アダムズ、ベンジャミン・ストッダートを初代海軍長官に指名
	5.28	議会、大統領に侵略の危険性がある場合に1万人を軍務に就かせる権限を与える
	6. 1	W.H. ハリソン、軍を退役
	6.18	1798年帰化法制定、外国人の帰化が困難に
	6.18	J. アダムズ、W.H. ハリソンを北西部領地書記官に指名
	6.25	外国人法制定
	7. 2	J. アダムズ、ワシントンを臨時軍の総司令官に指名
	7. 4	J. アダムズ、ワシントンを臨時軍の総司令官に任命
	7. 6	敵性外国人法制定
	7. 7	議会、米仏同盟を破棄
	7.11	合衆国海兵隊、設立
	7.14	治安法制定
	7.16	公衆衛生局創設
	7	フィラデルフィアで黄熱病が蔓延
	9.12	新聞編集者のベンジャミン・ベイチュ、治安法違反で逮捕される
	10. 2	チェロキー族と条約締結
	10	ジャクソン、テネシー州最高裁判事に指名される
	11.16	ケンタッキー決議採択
	11.20	リタリエーション号事件、事実上フランスと交戦状態に
	12.21	ヴァージニア決議採択
1799	1.30	議会、個人の恣意的な外交活動を禁止するローガン法可決
	2. 5	J. アダムズ、フリーズの乱の暴徒に解散命令
	2. 9	米艦コンステレーション号、仏艦ランスルジャント号を捕獲
	2.18	J. アダムズ、ウィリアム・ヴァンズ・マレーをフランスへの特使に指名
	2.25	J. アダムズ、ヴァンズ・マレーに加えてヘンリーとエルズワスを特使に指名
	3. 6	フリーズの乱
	3.29	ニュー・ヨーク州、漸進的な奴隷解放法を制定
	7.11	プロイセンと友好条約締結
	10.26	トマス・クーパーが大統領に対する侮辱で治安法の下、有罪宣告を受ける
	10	W.H. ハリソン、連邦下院議員に選出される
	11.22	第2次ケンタッキー決議採択
	12. 5	モンロー、ヴァージニア州知事に選出される
	12.14	ワシントン、死去
		J.Q. アダムズ、プロシアと通商友好条約締結交渉
1800	1. 7	フィルモア、ニュー・ヨーク州カユガ郡で誕生
	1. 7	マディソン、外国人・治安諸法に関する報告書を州議会に提出
	1.10	議会、1797年に交渉が行われていたチュニスとの条約を承認

年	月日	できごと
	2. 1	米艦コンステレーション号、仏艦ラ・ヴァンジャンス号を破る
	4. 4	連邦破産法制定
	4.24	連邦議会図書館設立
	5. 7	インディアナ準州設置
	5.10	1800年公有地法制定
	5.12	J. アダムズ、W.H. ハリソンをインディアナ準州長官に指名
	6.15	ワシントンに首都移転
	8.30	ゲーブリエルの陰謀、黒人奴隷の蜂起失敗
	9.30-10.1	1800年の米仏協定締結
	10. 1	スペイン、秘密条約でルイジアナをフランスに移譲
	12. 3	J. アダムズ、大統領選挙で敗北
	12. 3	大統領選、ジェファソンとバーが同票のため未決
	12.15	J. アダムズ、米仏協定に関する特別教書送付
		ジャクソン、フリーメイスンリーの階位を得る
1801	1.20	J. アダムズ、ジョン・マーシャルを最高裁長官に指名
	2. 3	上院、米仏協定承認
	2.11	下院、大統領選出の決選投票を開始
	2.13	J. アダムズ、1801年裁判所法に署名
	2.17	大統領決選投票、ジェファソン当選確定
	2.27	マディソン、父と死別
	3. 4	ジェファソン、第3代大統領就任（ワシントンで最初の大統領就任式）
	3. 5	マディソン、国務長官に指名される
	3.19	ジェファソン、ホワイト・ハウスに移る
	5.14	トリポリ、アメリカに宣戦布告
	5.20	ジェファソン、地中海へ艦隊を派遣
	7.10	ジェファソン、ウィリアム・クレイボーンをミシシッピ準州長官に指名
	8. 1	米船エンタープライズ号、トリポリ船と初交戦
	8	ケイン・リッジ伝道野外大集会、第2次大覚醒
	12. 8	ジェファソン、一般教書を文書で送達する前例を作る
		J.Q. アダムズ、帰国しマサチューセッツ州上院議員に選出される
1802	1. 8	ジェイ条約に関する米英の協定が成立、独立戦争に関する英市民の補償が決定される
	2. 6	トリポリに宣戦布告
	3. 8	1801年裁判所法、失効
	3.16	ジェファソン、陸軍士官学校設立法に署名
	4. 6	ウィスキーを代表とする日用品に対する物品税撤廃
	4.14	1798年帰化法、失効
	4.24	ジョージア州議会、ヤズー・ランドを連邦政府に移譲
	4.29	ジェファソン、1802年裁判所法に署名

年	月日	できごと
	4.30	北西部領地の東部住民に憲法制定会議を開催する権限を与える授権法成立
	5. 3	議会、公式にワシントンを市と認定し、大統領に市長を指名する権限を与える
	7. 4	陸軍士官学校開校
	8.11	米資産の損害の補償に関してスペインと協定締結、後に批准されず
	10.16	スペイン、アメリカのニュー・オーリンズ倉庫使用権を停止
	12. 9	モンロー、ヴァージニア州知事退任
		ジャクソン、民兵隊の少将に任命される
1803	1.11	ジェファソン、モンローをフランス特使に任命
	1.18	ジェファソン、議会に特別教書を送付、西方探検を提案
	2.24	最高裁、マーベリー対マディソン事件の判決を下す
	3. 1	オハイオ、州に昇格
	4.12	モンロー、パリに到着
	4.18	モンロー、駐英アメリカ公使に任命される
	4.19	スペイン、ニュー・オーリンズをアメリカ商人に再開放
	4.30	フランスからルイジアナ購入
	5. 2	ルイジアナ割譲条約調印
	5.23	ジェファソン、プレブル提督をトリポリと戦う艦隊の司令官に任命
	7.12	モンロー、ロンドンに到着
	8.31	ルイスとクラークの探検隊、ピッツバーグを出発
	10.17	J.Q. アダムズ、連邦上院議員として登院
	10.20	上院、ルイジアナ割譲条約を承認
	10.31	ベインブリッジ大佐、トリポリ船を拿捕
	11.14	ジェファソン、議会にルイジアナに関する報告を提出
	11	ヴァン・ビューレン、ニュー・ヨークの法曹界に加入
	12. 9	議会、憲法修正第12条を可決
	12.20	フランスがルイジアナを正式に割譲
1804	2. 3	ディケーター大尉、トリポリを海戦で破る
	2.16	ディケーター大尉、トリポリに拿捕されていた米艦フィラデルフィア号に火を放つ
	2.25	ジェファソン、民主共和党から大統領候補に指名される
	3.12	下院、サミュエル・チェイスの弾劾を可決
	3.26	議会、ルイジアナ準州法でルイジアナを南北に分割
	5.14	ルイスとクラークの探検隊、セント・ルイスを出発、太平洋に向かう
	5.18	ナポレオン、皇帝即位
	7.11	ハミルトン、バーと決闘、翌日死去
	7.24	ジャクソン、テネシー州最高裁判事を退任
	9.25	憲法修正12条発効
	11.23	ピアース、ニュー・ハンプシャー州ヒルズボロで誕生

年	月日	できごと
	12. 5	大統領選挙、ジェファソン再選
		モンロー、フロリダに関する交渉をスペインと行う
		逃亡奴隷を助ける「地下鉄道」の組織化始まる
1805	1.11	ミシガン準州、設置される
	3. 1	上院、サミュエル・チェイスの弾劾審判で無罪宣告
	3. 4	ジェファソン、第3代大統領・第2期
	4.26	ルイスとクラークの探検隊、イエローストーン川河口に到達
	4.27	海兵隊とアラブの傭兵隊、トリポリの港町デルナを占領
	6. 4	トリポリと平和友好条約締結
	7.23	イギリス、エセックス号事件で1756年の規定に基づいて中立港での米船の拿捕を正当化
	7.23	バーの政府転覆活動の噂が流布する
	8. 9	ゼブロン・パイク、ミシシッピ川源流地域探検に出発
	11.12	ジェファソンのフロリダ購入交渉再開案が閣議で認められる
	11.15	ルイスとクラークの探検隊、太平洋に到達
	12. 6	ジェファソン、議会に両フロリダ購入を示唆する特別教書を送付
1806	1.11	ミシガン準州設置が決定
	2.12	上院、英海軍の米船拿捕と強制徴用に抗議する決議採択
	3.29	議会、カンバーランドからオハイオ川に道路を建設する事業を認可
	4.18	議会、英の強制徴用に対抗して、多くの英製品の輸入を禁止
	5.17	ジェファソン、モンローをイギリス特使に指名
	5.30	ジャクソン、決闘でチャールズ・ディキンソンを殺害
	7.15	ゼブロン・パイク、アメリカ南西部の探検を開始
	8.27	モンロー、ウィリアム・ピンクニーと共に海上での米英の摩擦に関して会談を開始
	11.26	ジェファソン、対メキシコ軍事遠征を企てる者の逮捕を布告
	12.12	ジェファソン、議会に奴隷貿易の禁止を要請
	12.31	イギリスと通商条約締結、上院に提出されず
		ジェファソン、ドル銀貨の鋳造禁止
		マディソン、「イギリス外交政策の検証」を執筆
		ポーク一家、テネシーに移住
		ノア・ウェブスター、『簡明英語辞典』刊行
1807	1.22	ジェファソン、バーの陰謀に関する特別教書送付
	2.10	ジェファソン、小型砲艦に関する特別教書を議会に送付
	2.19	バー、政府に対する陰謀に関与した疑いで逮捕される
	2.21	ヴァン・ビューレン、ハンナ・ホースと結婚
	3. 2	ジェファソン、奴隷輸入禁止法に署名
	3.26	オーリンズ準州設置
	3.30	ジャクソン、バー裁判の証人として召喚される

年	月日	できごと
	3.30	バー裁判、リッチモンドの巡回裁判所で始まる
	6.20	ジェファソン、バー裁判に証言者として出廷することを拒否
	6.22	チェサピーク号事件
	7.2	ジェファソン、アメリカ領海から全イギリス戦艦の退去を要求
	7.4	タイラー、ウィリアム・アンド・メアリ大学を卒業
	8.21	ロバート・フルトンの蒸気船クラーモント号、ハドソン川の往復航行に成功
	9.1	巡回裁判所、バーの反逆罪の疑いに対して無罪宣告
	9.15	巡回裁判所、バーの軽罪についても無罪判決
	9	ブキャナン、ディキンソン・カレッジに入学
	10.17	イギリス、強制徴用の続行を表明
	10.29	モンロー、ロンドンからアメリカに向けて出発
	11.11	イギリス、中立国と同盟国がフランスと自由に交易を行うのを枢密院令で禁止
	12.17	ナポレオン、イギリスとの交易を禁じるミラノ勅令発令
	12.22	ジェファソン、最初の出港禁止法に署名
	12	モンロー、帰国
		ジャクソン、テネシー州上院議員を務める
1808	1.1	奴隷輸入禁止法発効
	1.9	ジェファソン、出港禁止法第1次補則に署名
	3.12	出港禁止法第2次補則成立
	3	ヴァン・ビューレン、ニュー・ヨーク州コロンビア郡の遺言検認判事になる
	4.6	ジョン・ジェイコブ・アスター、アメリカ毛皮会社設立
	4.17	ナポレオン、仏伊ハンザ同盟の諸港に入る米船を拿捕することを認めるバイヨンヌ勅令発令
	4.25	出港禁止法第3次補則成立
	5.3	テイラー、中尉として合衆国陸軍第7歩兵連隊に配属される
	6.8	J.Q. アダムズ、連邦上院議員を退任
	11.10	オセージ族と条約締結、領土割譲を受ける
	12.7	大統領選挙、マディソン当選
	12.29	A. ジョンソン、ノース・カロライナ州ローリーで誕生
1809	1.9	ジェファソン、出港禁止法第4次補則、ジャイルズ法案に署名
	2.3	イリノイ準州、設置
	2.12	リンカン、ケンタッキー州ハーディン郡で誕生
	3.1	出港禁止法撤廃
	3.1	通商断絶法制定、英仏以外の通商再開
	3.4	マディソン、第4代大統領就任
	4.19	マディソン、アースキン協定で通商断絶法の終止を宣言

年	月日	できごと
	7.2	ショーニー族のテカムセ、ネイティヴ・アメリカンの連合運動を開始
	8.5	J.Q. アダムズ、駐露公使としてサンクト・ペテルブルクへ向けて出港
	8.9	マディソン、イギリスに対する通商断絶法の更新を宣言
	9.27	ブキャナン、ディキンソン・カレッジを卒業
	9.30	W.H. ハリソン、ネイティヴ・アメリカンと条約を結び、約300万エーカーを購入
		タイラー、ヴァージニアの法曹界に加入
		蒸気船フェニックス号、最初の海上航行に成功
1810	1.3	マディソン、ウェスト・フロリダをめぐるスペインとの緊張の高まりに軍備拡張を議会に要請
	3.16	最高裁、フレッチャー対ペック事件で州法に対して違憲判決
	5.1	マディソン、英仏の武装船舶をアメリカ領海から締め出すメーコン第2法案に署名
	6.21	テイラー、マーガレット・マッコール・スミスと結婚
	6.23	ジョン・ジェイコブ・アスター、太平洋毛皮会社設立
	8.5	フランス外相カードレ、ベルリン勅令とミラノ勅令を撤廃する条件をアメリカ公使に提示
	8	W.H. ハリソン、テカムセと会談
	10.27	マディソン、ウェスト・フロリダ西部の領有を宣言
	11.2	マディソン、メーコン第2法に基づいて米船拿捕を差し止めるという仏の提案を受け入れ
	11.30	テイラー、大尉に昇進
		モンロー、ヴァージニア州下院議員に選出される
		マサチューセッツ州、ゲリマンダー選挙区を設定
1811	1.9	ニュー・オーリンズ近郊で大規模な奴隷の反乱
	1	モンロー、ヴァージニア州知事就任
	2.2	マディソン、イギリスとの通商断絶を再開
	2.20	議会、第1合衆国銀行特許更新を否決
	3.3	第1合衆国銀行閉鎖
	4.2	マディソン、モンローを国務長官に指名
	4.12	太平洋岸でアストリア交易植民地の建設開始
	5.16	リトル・ベルト号事件、米艦プレジデント号、英船リトル・ベルト号を攻撃
	7.1	テイラー、ノックス砦の軍を再編成する
	7.2	ロバート・スミス前国務長官、『合衆国人民への挨拶』を刊行し、マディソン政権を批判
	7.6	フォスター駐米イギリス公使、ワシントンに到着、米が通商断絶に対して報復すると警告
	7.24	マディソン、イギリスとの戦争に関して議論するために特別会期を招集
	7.27	W.H. ハリソン、テカムセと再び会談

年	月日	できごと
	9.11	蒸気船ニュー・オーリンズ号、ミシシッピ川を初めて航行
	9.26	W.H. ハリソン、900人の兵士を率いてヴィンセンズを出発
	10.28	W.H. ハリソン、ハリソン砦を築く
	11. 7	W.H. ハリソン、ティペカヌーの戦闘でネイティヴ・アメリカンを破る
	11.25	上院、モンローの国務長官指名を承認
	11.29	下院外交委員会、軍備拡張を認める法案を推奨
	12.16	ミシシッピ川流域のミズーリ地方で大地震発生
		リンカン一家、ノブ・クリークに移転
		タイラー、ヴァージニア州下院議員に当選
		カンバーランド道路の建設開始
1812	1. 4	A. ジョンソン、父と死別
	1.10	議会、第2正規軍を2万5,000人まで拡大する陸軍法案を可決
	1.27	下院、海軍の拡張を拒否
	2.10	マディソン、ジョン・ヘンリー文書を購入
	3. 9	マディソン、ジョン・ヘンリー文書を議会に提出
	3.21	フォスター駐米イギリス公使、枢密院令の継続を通告
	3.23	仏が米船を撃沈したという知らせに仏に対する戦争の声が高まる
	4.2-3	議会、すべての船舶が安全に退避できるように出港禁止を可決
	4.30	ルイジアナ、州に昇格
	5.18	マディソン、民主共和党から大統領候補に指名される
	5.23	マディソン、枢密院令の継続を確認し、戦争教書の起草を始める
	5	ヴァン・ビューレン、ニュー・ヨーク州上院議員に選出される
	6. 1	マディソン、戦争教書を議会に送付
	6. 4	ミズーリ準州、設置
	6. 4	米下院、宣戦布告を可決
	6.16	イギリス、アメリカなどに対する通商制限撤廃を発表
	6.18	米上院、宣戦布告を可決
	6.19	イギリスに宣戦布告、1812年戦争始まる
	6.22	ディアボーン将軍、ニュー・イングランド各知事に湾岸防衛に必要な民兵の配備を要請
	7.12	アメリカ、アッパー・カナダに侵攻
	7.17	マッキノー砦のアメリカ軍、降伏
	7.26	マディソン、駐英公使に対英交渉を指示
	8. 8	ディアボーン、ローワー・カナダ総督と停戦に調印
	8.16	米軍ハル将軍、英軍に降伏、ミシガン準州、英軍の支配下に置かれる
	8.19	米海軍、ノヴァ・スコシア沖の海戦で英海軍に勝利
	8.22	W.H. ハリソン、ケンタッキー民兵隊の少将に任命される
	8.24	駐英アメリカ公使、イギリスに和平を打診
	8.25	ディアボーン、マディソンの意向で停戦を終わらせる

年	月日	できごと
	9. 2	W.H. ハリソン、合衆国陸軍准将の辞令を受け取る
	9. 4	テイラー、ハリソン砦をネイティヴ・アメリカンの攻撃から守り抜く
	9.21	J.Q. アダムズ、ロシアの和平仲介の申し出を受ける
	10.13	アメリカ軍、ジョージ砦でイギリス軍に破れる
	10.17	米艦ワスプ、英艦フロリックを破る
	10.25	米艦ユナイテッド・ステイツ、英艦マケドニアンを破る
	10.27	マディソン、イギリスの調停案に対し、強制徴用の停止が条件と回答
	10.31	テイラー、名誉進級少佐に
	11.17	ブキャナン、法曹界に加入する
	11.19	ディアボーンの部隊、カナダ侵攻を断念
	11	ジャクソン、志願兵部隊の少将に任命される
	12. 2	大統領選、マディソン再選
	12.26	英海軍、チェサピーク湾とデラウェア湾の封鎖開始
	12.29	米艦コンスティテューション、英艦ジャヴァを破る
1813	1. 6	タイラー、父と死別
	1. 7	ジャクソン、2,000 人の志願兵とともにミシシッピへ向けて進軍
	1.22	レーズン川の戦い、英軍とネイティヴ・アメリカンの連合軍、北西部へ侵攻
	2.23	ボストン工業会社設立許可、近代型機械制一貫生産綿工業開始
	3. 2	W.H. ハリソン、合衆国陸軍少将に昇進
	3. 4	マディソン、第4代大統領・第2期
	3.29	タイラー、ラティシャ・クリスチャンと結婚
	4.15	アメリカ軍、スペイン領ウェスト・フロリダのモービルを占領
	4.27	アメリカ軍の攻撃によりヨークが焼失
	4	タイラー、民兵隊の隊長に指名される
	5. 9	マディソン、和平仲介を依頼するためにギャラティンとベイヤードをロシアに派遣
	5.20	ブキャナン、ペンシルヴェニア州レバノン郡の検事補に任命される
	5.27	ジョージ砦の戦い
	5.29	サケッツ湾の戦い、英軍の攻撃を撃退
	6. 1	米艦チェサピーク、英艦シャノンに拿捕される
	7.21	平和交渉のためにギャラティンとベイヤード、J.Q. アダムズに合流
	7.27	バーント・コーンの戦いで米軍とクリーク族が衝突、クリーク族が米に敵対
	8.30	ミムズ砦の戦い
	9. 4	ジャクソン、ベントン兄弟との乱闘で銃撃され負傷
	9.10	米海軍、エリー湖で勝利
	10. 5	W.H. ハリソン、テムズ川の戦いでイギリスとネイティヴ・アメリカン連合軍を撃破
	11. 4	イギリス、アメリカと直接和平交渉を希望
	11. 9	ジャクソン、志願兵を率いてタラデガでクリーク族を破る

年	月日	できごと
	11.11	クライスラー農園の戦い、米軍、モントリオール遠征失敗
	12. 1	モントリオール侵攻作戦失敗
	12. 9	マディソン、議会に特別教書を送付し、敵国との通商禁止を提案
	12.17	マディソン、通商停止法に署名
	12.18	英軍、ナイアガラ砦を陥落させる
	12.29	バッファロー炎上
1814	1.18	上院、マディソンの講和使節指名を承認
	1.18	J.Q. アダムズ、米英和平交渉特使の一員に選ばれる
	1.28	ジェームズ・ジャクソン、国立銀行の樹立を認める憲法改正案を提案
	3. 3	議会、戦費として2,500万ドルの借り入れを許可
	3.27	ジャクソン、ホースシュー・ベンドでクリーク族とチェロキー族を破る
	3.31	マディソン、特別教書を送付し、通商停止法と輸入禁止法の廃止を提案
	4.14	マディソン、通商停止法と輸入禁止法を廃止する法案に署名
	5.11	W.H. ハリソン、アームストロング陸軍長官の専権行為に抗議して辞表を提出
	5.15	テイラー、第26歩兵隊の少佐に昇進
	6. 7	マディソン、閣僚と協議してカナダ侵攻の続行を決定
	6. 8	ジャクソン、合衆国陸軍准将の辞令を受諾
	6.20	ジャクソン、合衆国陸軍少将の辞令を受諾
	6	フィルモア、梳毛職人と仕立て屋の徒弟に
	7. 1	マディソン、ワシントンとボルティモアを防御するための特別軍管区の設置を提案
	7. 5	アメリカ軍、チパワーの戦いで勝利
	7.22	第2次グリーンヴィル条約
	7.25	アメリカ軍、ランディーズ・レインの戦いでイギリス軍を撃退
	8. 8	ベルギーのガンで米英和平交渉始まる
	8. 9	ジャクソン、クリーク族と条約締結交渉、フォート・ジャクソン条約
	8.24	英軍、ワシントンを焼き討ち、マディソン、ヴァージニアに逃れる
	8.27	マディソン、ワシントンに帰還
	8	州法銀行の正貨兌換停止始まる
	9. 9	ジャクソン、フロリダへの軍事作戦を開始
	9.11	米海軍、シャンプレーン湖の戦いで勝利
	9.14	サミュエル・スミス、ボルティモアのマクヘンリー砦で英軍の攻撃を撃退
	9.18	ウィーン会議開始
	9.27	マディソン、モンローを陸軍長官に指名
	10	ブキャナン、ペンシルヴェニア州下院議員に当選
	10.17	アレグザンダー・ダラス財務長官、合衆国銀行の設立と増税を議会に要請
	10.18	マサチューセッツ州議会、ハートフォード会議の開催を呼びかけ
	11. 2	ジャクソン、3,000人の志願兵を率いてペンサコーラへ向けて進軍
	11. 7	ジャクソン、ペンサコーラを占領

年	月日	できごと
	12.1	ジャクソン、ニュー・オーリンズに到達
	12.5	ジャクソン、ニュー・オーリンズに戒厳令を布く
	12.9	上院、合衆国銀行を設立する法案を可決
	12.15	ハートフォード会議開催、連邦政府の戦争政策と通商政策に反対、憲法修正を提案
	12.24	ガン条約締結、1812年戦争終結
1815	1.7	下院、連邦党員と反銀行派の民主共和党員の妥協として合衆国銀行の修正法案可決
	1.8	ジャクソン、ニュー・オーリンズの戦いで英軍に圧勝
	1.26	米議会、ジェファソンの蔵書の購入を決定
	1.27	マディソン、大統領に4万人の州兵を招集する権限を認める法案に署名
	1.30	マディソン、合衆国銀行の修正法案に拒否権を行使
	2.11	ガン条約批准の知らせが届く
	2.15	米上院、ガン条約批准
	2.17	マディソン、1812年戦争の終結を宣言
	2.27	ジャクソン、議会で感謝を表され、金メダルを授与される
	2.28	マディソン、モンローを再び国務長官に指名
	2	ヴァン・ビューレン、ニューヨーク州検事総長に任命される
	3.1	ナポレオン、エルバ島脱出、百日天下
	3.3	アルジェに対して宣戦布告
	3.31	ジャクソン、法廷侮辱罪で1,000ドルの罰金を科せられる
	5.20	米艦隊、アルジェに向けて出港
	5	蒸気船エンタープライズ号、ミシシッピ川からオハイオ川までの遡行に成功
	6.15	テイラー、軍の縮小に伴い大尉に降格されるが任官を拒否し名誉除隊
	6.19	ウィーン最終議定書調印、神聖同盟形成
	6.19	米艦、アルジェの戦艦を拿捕する
	6.30	アルジェと講和条約締結
	7.3	イギリスとの通商交渉で西インド諸島との貿易権を獲得
	12.5	マディソン、第7次一般教書で国家的な道路網と運河網の整備を提案
		アメリカの公債残高が初めて1億ドルを超える
		J.Q.アダムズ、駐英公使に任命される
		タイラー、ヴァージニア知事諮問委員会の一員になる
1816	1	ポーク、ノース・カロライナ大学に入学
	3.4	モンロー、民主共和党の大統領候補に指名される
	3.20	最高裁、マーティン対ハンター借地人事件に判決
	4.10	第2合衆国銀行、フィラデルフィアに設立される
	4.11	アフリカ人メソジスト監督教会設立
	4.27	最初の保護関税法制定
	5.17	テイラー、再び合衆国陸軍少佐に任命される

年	月日	できごと
	7.27	第1次セミノール戦争開始
	10. 8	W.H. ハリソン、連邦下院議員に選出される
	11	タイラー、連邦下院議員に選出される
	12. 4	大統領選挙、モンロー当選
	12.11	インディアナ、州に昇格
	12.28	アメリカ植民協会設立
	12	リンカン一家、インディアナに移転
		ブキャナン、弁護士業を再開
		アメリカ聖書協会設立
1817	1.24	ブキャナン、マスター・メイスン階位を得る
	3. 3	マディソン、アラバマ準州設立法案に署名
	3. 3	マディソン、連邦助成法に拒否権を行使
	3. 4	モンロー、第5代大統領就任
	3. 5	モンロー、J.Q. アダムズを国務長官に指名
	4. 5	ヴァン・ビューレン、父と死別
	4.28-29	ラッシュ=バゴット協定成立、五大湖での米英相互非武装化
	5.31	モンロー、北部と西部の巡行に出発
	6.15	J.Q. アダムズ、アメリカへ向けて出発
	7. 4	エリー運河建設開始
	7.12	コロンビアン・センティネル紙に好感情の時代の論説掲載
	9.22	J.Q. アダムズ、国務長官に着任
	9	モンロー、ワシントンに帰還
	12. 2	モンロー、一般教書で独立を求める南米植民地とスペインの戦いに中立を表明
	12.10	ミシシッピ、州に昇格
	12.26	ジャクソン、セミノール族攻撃の任を引き受ける
		ジェファソン、ヴァージニア大学設立法案を起草
		ニュー・ヨーク証券取引会所設立
1818	1. 5	大西洋横断定期帆船航路開設
	2.16	ヴァン・ビューレン、母と死別
	3.24	W.H. ハリソン、議会からテムズ川の勝利で金メダルを授与される
	4. 4	モンロー、国旗法に署名
	4. 7	ジャクソン、セント・マークス占領
	4.18	モンロー、西インド諸島から出港した英船に対して閉港令
	4.20	1818年関税法制定
	5.24	ジャクソン、ペンサコーラを占領、第1次セミノール戦争終結
	6. 4	ポーク、ノース・カロライナ大学を卒業
	6.18	モンロー、ジャクソンの軍事行動に対して承認を与えず、ペンサコーラの返還を命令

年	月日	できごと
	10. 5	リンカン、母と死別
	10.19	チカソー族と条約締結
	10.20	1818年の米英協定締結
	10.28	J. アダムズ、妻と死別、J.Q. アダムズ、母と死別
	12. 3	イリノイ、州に昇格
		フィルモア、教師を務める
		ホワイト・ハウス再建
1819	1	経済恐慌、西部で州法銀行多数倒産
	2. 2	最高裁、ダートマス大学事件に判決
	2. 5	ヴァン・ビューレン、妻と死別
	2.15	ミズーリの連邦加盟が奴隷制度をめぐって紛糾
	2.22	J.Q. アダムズ、アダムズ＝オニース条約締結、フロリダ地方を購入
	2.25	モンロー、アダムズ＝オニース条約を承認
	2.27	ミズーリ準州の州昇格法案、南北の対立で不成立
	3. 2	アーカンソー準州、ミズーリ準州から分離
	3. 2	モンロー、最初の移民法に署名
	3. 6	最高裁、マカロック対メリーランド事件で、州が連邦機関に課税する権利を拒否
	4.20	テイラー、中佐に昇進
	6.20	蒸気機関装着の帆船サヴァナ号、大西洋横断に成功
	9.20	ポーク、テネシー州上院の書記官に指名される
	12. 6	W.H. ハリソン、オハイオ州上院議員を務める
	12.14	アラバマ、州に昇格
		ジェファソン、理事としてヴァージニア大学の新設に貢献
		ポーク、テネシー州ナッシュヴィルで法律を学ぶ
		フィルモア、法律を学び始める
		タイラー、連邦下院議員の立候補を健康状態を理由に辞退
1820	3. 3	ミズーリ妥協成立
	3.15	メイン、州に昇格
	4.24	1820年公有地法制定
	5.15	モンロー、奴隷貿易禁止法に署名
	5.15	1820年公職在任法成立
	5.15	奴隷貿易禁止法制定、罰則の厳罰化
	6. 5	ポーク、テネシー州の法曹界に加入
	6. 6	スティーヴン・ハリマン・ロングの探検隊、西部探検に出発
	9. 4	ポーク、マスター・メイスン階位に進む
	10. 4	ピアース、ボードウィン・カレッジに入学
	10	ブキャナン、連邦下院議員に当選
	11	J. アダムズ、マサチューセッツ州憲法修正会議に参加

年	月日	できごと
	12.6	大統領選挙、モンロー再選
		W.H. ハリソン、オハイオ州の大統領選挙人としてモンローに投票
		アメリカ海外伝道協会、ハワイ伝道開始
1821	1.17	モーゼス・オーティス、スペイン領テキサスの入植権獲得
	2.6	ヴァン・ビューレン、連邦上院議員に選出される
	3.2	モンロー、陸軍を削減する軍隊常備編成法案に署名
	3.2	第2のミズーリ妥協成立
	3.3	タイラー、連邦下院議員退任
	3.3	最高裁、コーエンズ対ヴァージニア州事件に判決
	3.5	モンロー、第5代大統領・第2期
	4.5	モンロー、ジャクソンをフロリダ準州軍政長官に指名
	6.11	ブキャナン、父と死別
	8.10	ミズーリ、州に昇格
	11.10	ニュー・ヨーク州、選挙権の財産資格撤廃
	11.16	サンタ・フェ街道開通
	11	テイラー、セルデン砦をルイジアナ北西部に構築
		マディソン、『憲法制定会議に関する覚書』の執筆を始める
		ヴァン・ビューレン、ニュー・ヨーク州憲法修正会議に参加
		ポーク、テネシー州上院首席書記官を務める
		スペインの中南米植民地相次いで独立を宣言
1822	2.18	A. ジョンソン、仕立て屋に徒弟奉公に出る
	3.8	モンロー、中南米の共和国の承認を特別教書で提議
	3.30	フロリダ準州設置
	4.27	グラント、オハイオ州ポイント・プレザントで誕生
	5.4	モンロー、カンバーランド道路予算法案に対して拒否権を行使
	5.30	自由黒人デンマーク・ヴィージーの反乱計画失敗
	7.20	ヘイズの父、ヘイズの生前に亡くなる
	7.20	ジャクソン、テネシー州議会に大統領候補に指名される
	10.4	ヘイズ、オハイオ州デラウェアで誕生
	11.9	テイラー、ジェサップ砦をルイジアナ西部に構築
	11	W.H. ハリソン、連邦下院議員選挙落選
	12	テイラー、ロバートソン兵営の指揮を任される
	12.13	テイラー、母と死別
		ロッキー山脈毛皮会社設立
1823	1.5	モンロー、ジャクソンをメキシコ全権公使に指名
	4	タイラー、ヴァージニア州下院議員に選出される
	8.16-20	英、西領アメリカに対するヨーロッパ諸国の介入に反対する共同声明の発表を打診
	10.1	ジャクソン、連邦上院議員に選出される

年	月日	できごと
	12. 2	第7次一般教書でモンロー・ドクトリン発表
		ポーク、テネシー州下院議員に選出される
		フィルモア、法曹界に入る
1824	1. 1	ポーク、サラ・チャイルドレスと結婚
	1	チェロキー族の首長がワシントンで、強制移住政策に反対、ジョージアでの居住権を主張
	3. 2	最高裁、ギボンズ対オグデン事件で連邦法の通商規制権限の優越を認める
	3.19	最高裁、オズボーン対合衆国銀行事件に判決
	3.30	ヘンリー・クレイ、「アメリカ体制」提唱
	4.30	モンロー、一般測量法案に署名、国内開発事業に対する方針を転換
	5.22	モンロー、保護主義的な1824年関税法案に署名
	8.15	ラファイエット、アメリカに上陸
	8.29	J. アダムズ、ラファイエットと再会
	9. 1	ピアース、ボードウィン・カレッジを卒業
	10	ピアース、法律を学び始める
	11. 4	ジェファソン、ラファイエットとマディソンの表敬訪問を受ける
	11. 9	大統領選挙、過半数を得票した候補がいなかったため下院の裁定に
	12	モンロー、ネイティヴ・アメリカンの西部移住を提案
		W.H. ハリソン、連邦上院議員に選出される
		A. ジョンソン、徒弟奉公から逃げ出し、仕立て屋を開業
		チャールズ・G・フィニーの信仰復興運動
1825	1. 3	ロバート・オーエン、ニュー・ハーモニー共同社会をインディアナ州に設立
	1	モンロー、インディアン問題の解決は、ミシシッピ川以西からの移住が妥当と判断
	2. 9	下院の裁定によりJ.Q. アダムズ当選確定
	2. 9	ジャクソン、下院の裁定に敗れる
	3. 3	モンロー、カンバーランド道路法案に署名
	3. 4	J.Q. アダムズ、第6代大統領就任
	3. 8	J.Q. アダムズ、ジョン・R・ポインセットを初代駐墨アメリカ公使に指名
	3	ヴァージニア大学開校
	7. 7	デーヴィッド・ポーター、プエルト・リコに200人の兵士を上陸させた越権行為で軍法裁判
	8	モンロー、J.Q. アダムズ大統領とラファイエットを自宅で歓待
	8	ポーク、連邦下院議員に選出される
	9. 6	J.Q. アダムズ、ホワイト・ハウスでラファイエットを歓待する
	10.14	ジャクソン、連邦上院議員を退任
	10.26	エリー運河開通
	10	ジャクソン、テネシー州議会から大統領候補に指名される

年	月日	できごと
	12.5	ポーク、連邦下院に登院
	12	タイラー、ヴァージニア州知事に選ばれる
1826	1.24	クリーク族とワシントン条約を締結
	2.5	フィルモア、アビゲイル・パワーズと結婚
	2.13	アメリカ禁酒促進協会設立
	5	軍組織の刷新を求める陸軍長官の要請に、議会、軍事教練書の作成と配布を決議
	5	A.ジョンソン、ローレーに戻る
	6.22	最初の汎米会議、パナマで開催、アメリカ代表出席できず
	9	A.ジョンソン、テネシーのグリーンヴィルに移転
	7.4	ジェファソン、死去
	7.4	J.アダムズ、死去

■著者紹介

西川　秀和（にしかわ　ひでかず）
大阪大学外国語学部非常勤講師
早稲田大学大学院社会科学研究科博士後期課程修了
学術博士

主な著書
『昭和天皇の全国巡幸』（アーカイブス出版）2008 年
『歴史が創られた瞬間のアメリカ大統領の英語』（ベレ出版）2008 年
『冷戦レトリックの形成過程―トルーマン大統領のレトリックを中心に―』
　（早稲田大学出版部）2009 年
『ジョージ・ワシントン伝記事典』（大学教育出版）2012 年

アメリカ歴代大統領大全
第 1 シリーズ　建国期のアメリカ大統領　第 2 巻

ジョン・アダムズ伝記事典

2013 年 7 月 30 日　初版第 1 刷発行

■著　者──西川秀和
■発 行 者──佐藤　守
■発 行 所──株式会社 大学教育出版
　　　　　　〒700-0953　岡山市南区西市855-4
　　　　　　電話(086)244-1268代　FAX(086)246-0294
■印刷製本──サンコー印刷㈱
■Ｄ Ｔ Ｐ──ティーボーンデザイン事務所

©Hidekazu Nishikawa 2013, Printed in Japan
本書のコピー・スキャン・デジタル化等の無断複製は著作権法上での例外を
除き禁じられています。本書を代行業者等の第三者に依頼してスキャンやデ
ジタル化することは、たとえ個人や家庭内での利用でも著作権法違反です。

ISBN978-4-86429-171-2